빅테크시대
비즈니스모델

이형석 지음

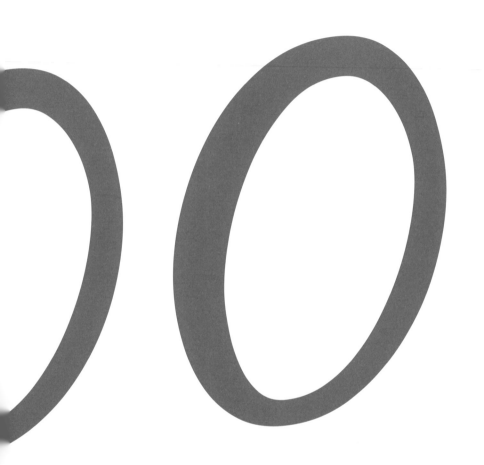

헌자의숲

빅테크시대 비즈니스모델 300

1판 1쇄 발행_ 2020년 8월 30일

지은이_ 이형석
펴낸곳_ 현자의숲

전화_ (02) 2063-8071
등록_ 2011년 7월 20일 제 313-2011-204호
주소_ 서울시 강서구 강서로 207 4층
e-mail_ goodbook2011@naver.com

ISBN_ 979-11-86500-49-1 (03320)

창업의 시간

'창업의 시간'이 왔습니다. 빅테크(Big Tech)에다 코로나바이러스
까지 겹쳐 이제는 창업이 아니면 일을 계속하기 힘들어졌습니다.
'직(Job)'이 아닌 '업(Work)'의 시대가 온 것이지요. 기술혁명과 전
염병은 일자리를 빠르게 앗아가고 있습니다. 게다가 직장인의 퇴
직 시기는 점차 빨라지고, 기대수명은 갈수록 늘어나는 중입니
다. 직업을 가진다면 최소한 서너 번은 갈아타야 하는 긴 세월입
니다. 양질의 직업을 유지하기가 쉽지 않은 이유입니다.

'노후의 안녕'을 위해서는 창업 이외에는 별다른 방법이 없습니
다. 그런데 창업에도 문제가 있지요. 전통적인 업종들은 갈수록
위축되고, 경제활동인구의 24%를 차지하는 자영업도 하위 30%
는 문을 닫을 처지에 놓여 있습니다. 실질임금 감소와 세금 부담
등으로 소비가 살아날 가능성도 별로 없어 보입니다. 그야말로
온화한 저성장 시대입니다.

이제, 소득을 늘리고 일을 유지하는 방법은 창업, 오직 창업뿐입
니다. 하지만 전통적인 방식으로 창업해서는 성공하기 어렵습니
다. 이전과는 전혀 다른 창업의 재구조화(New Normal)가 필연적이
지요. 그 새 판짜기의 중심에는 바로 기술이 있습니다. 즉, 전통업
종과 기술의 융합이 절대적으로 필요하다는 의미입니다.

창업을 하려면 필연적으로 비즈니스모델이 있어야 합니다. 비

즈니스모델의 매트릭스(matrix)는 대동소이합니다. 그러나 그 매트릭스에 어떤 차별화 요소를 얹느냐에 따라 결과는 전혀 다르게 나타납니다. 이 책에서는 바로 그 차별화를 위한 영감(insight)을 얻을 수 있도록 다양한 혁신사례를 보여줍니다. 그것도 쉽게 얻기 어려운 글로벌 선도기업 사례를 중심으로 엮었습니다.

경매 비즈니스모델을 예로 들어 보겠습니다. "지금까지 활용되고 있는 주요 경매 방식을 보면 높은 금액을 제시한 구매자가 낙찰 받는 '영국식 경매', 이와 반대로 판매자가 점차 가격을 낮춰가면서 구매자가 나타난 시점에서 낙찰되는 '더치 경매', 두 번째로 높은 금액을 제시한 구매자에게 낙찰되는 '세컨드 프라이스 경매 (Second price auction)', 그리고 경쟁입찰 형태인 C2B형 역경매(reverse auction)와 개인간 거래(P2P) 등으로 발전한다."

창업가들을 만나보면 바로 이러한 차별화 요소를 찾지 못해 실패하는 경우를 너무 많이 봐왔습니다. 비즈니스모델을 복제 (mirroring)해서 딱 거기까지만 가다가 주저앉는 경우도 다반사지요. 더욱 안타까운 점은 실패의 이유가 돈 때문이라고 말하는 경우입니다. 위안은 될지 몰라도 핑계이자 책임회피의 다른 표현일 뿐입니다. 투자자는 유망한 비즈니스모델을 절대로 놓치지 않거든요.

그만큼 비즈니스모델은 중요합니다. 성공으로 가는 티핑포인트는 바로 남들이 미처 생각하지 못한 방법을 찾거나 전혀 다른 업종에서 아이디어를 끌어다 응용하는 방법입니다. 단순한 것 같은 그 한 가지 아이디어가 성공과 실패를 가르는 핵심요인이 되기도 하지요. 우리는 지금 미증유의 위기상황을 맞고 있습니다. 정부도 이를 모를 리 없습니다. 포스트코로나시대 돌파구는 기술기반 창업이라는 점도 잘 알고 있을 것입니다. 따라서 비즈니스모델만 타당하다면 얼마든지 창업자금 지원을 받을 수 있을 것입니다. 국가는 위기지만 창업가에게는 기회의 시간이 온 것이지요.

이 책에서는 단지 기술기반 비즈니스모델만 보여주는 것은 아닙니다. 여러 업태에 걸쳐 다양한 비즈니스모델을 실었습니다. 제조업과 벤처, 자영업과 스타트업, 혹은 유통업과 기술의 융합모델 등입니다. 수직적 혹은 수평적으로 연결하거나 융합할 수 있도록 하기 위해서입니다. 잘 활용하면 통섭(consilience)적 비즈니스모델을 설계하는 데 요긴하게 쓰일 것으로 확신합니다.

나는 청년시절 창업을 일곱 번 도전했다 실패한 경험이 있습니다. 그때 떠오른 생각은 '왜 앞선 창업가들의 사례분석 데이터가 없는가?'였지요. 그래서 앞서 도전한 사람들의 실패를 청년들이 반복할 수밖에 없는 상황이 안타까워 '유망사업정보 데이터베이스'를 개발했습니다. 이 데이터베이스는 당시 PC통신에서 열독률이 부동의 1위일 정도로 인기 콘텐츠가 됐지요.

소상공인들의 잦은 실패에도 같은 생각을 했습니다. '처음부터 시장을 정확하게 분석해 도전하게 하면 실패율을 훨씬 줄일 수 있을 텐데…'라는 생각이 들었지요. 그래서 개발한 것이 바로 '상권정보시스템'입니다. 현재 소상공인시장진흥공단에서 서비스하고 있는 상권정보시스템은 필자가 개발한 것입니다.

이 책을 출판하게 된 계기도 같습니다. 수많은 창업가가 스타트업에 도전하지만 청춘을 바친 사업들이 실패로 끝나는 것이 안타까웠습니다. 그래서 '성패의 핵심인 비즈니스모델을 고도화할 인사이트를 제공해 실패를 줄여보자'는 생각에서 출발했지요.

나는 제조·무역업에서부터 PC통신시대의 정보제공업(IP), 인터넷비즈니스, 프랜차이즈, 스타트업, 그리고 소셜벤처에 이르기까지 다양한 창업과 컨설팅을 한 경험과 노하우가 있습니다. 그래서 비즈니스모델 융합 설계에 강점이 있지요. 바로 이러한 강점을 이 책에 모두 쏟아 부었습니다.

앞으로 이러한 경험과 노하우를 독자 여러분과 나눌 기회를 마련하려 합니다. 우선 원격교육프로그램을 통해 함께 토론할 기회를 가질 것입니다. 참여자들이 노하우를 공유할 자리가 될 것입니다. 유튜브 '이방인TV'에서도 심층특강을 진행할 것입니다. 이러한 정보는 필자의 개인홈페이지(www.leebangin.com)에 수시로 공지할 예정입니다.

그동안 출판을 위해 도움을 주신 분들에게 고마운 마음을 전합니다. 경제주간지 〈이코노믹리뷰〉 임관호 대표님, 〈시사저널〉 박영철 전 편집국장님과 이석 기자, 〈KBS〉 '토요일 아침입니다'의 신성진 작가에게 감사드립니다. 그리고 늘 관심과 지지를 보내주신 KB국민은행 중소기업고객부 김재관 본부장님과 문진기 전문위원에게도 마음 다해 감사드립니다.

2020년 8월 저자

I
포스트코로나시대
떠오르는 비즈니스모델

II
빅테크시대
유망한 플랫폼 비즈니스모델

III
온·오프라인 통합
비즈니스모델

IV
해외에서 뜨는
비즈니스모델

V
창업가의 핵심역량을
키워주는 창업의 정석

I
포스트코로나 시대
떠오르는 비즈니스모델

무인점포

Self Service Shop

1997년, 일본 이케부쿠로에서 무인편의점을 처음 경험했다. SBS 〈모닝와이드〉에 출연하고 있을 때여서 취재진과 동행한 자리였다. 당시 무인편의점에 진열된 상품은 주로 과자류나 레토르트식품(retort food) 등이었다. 먼저 제품의 일련번호를 선택한 후 합계금액을 지폐나 동전으로 결제하면, 좌우로 이동 가능한 로봇이 제품을 아래로 떨어뜨리고, 떨어뜨린 제품을 컨베이어벨트로 이동시켜 배출구에서 빼내가는 구조였다.

이후 국내에서는 LG, 대상 등 두세 곳에서 관심을 갖고 접촉했던 것으로 알고 있다. 그러나 도입해 상용화한 기업은 없었다. 당시 인터뷰했던 일본의 무인편의점 개발사 임원은 개발 동기를 두 가지로 설명했다. 하나는 고객들이 종업원과의 접촉을 불편해 하는 이른바 '언택트(Untact)' 경향이 늘어나기 때문이고, 다른 하나는 종업원을 구하기가 어렵기 때문이라고.

그로부터 20년, 하이테크 무인 소매점인 아마존고(amazon go)가 미국 시애틀에서 오픈했다. 고객은 아마존고 앱(app)을 내려받은 휴대전화로 입구에서 스캔하고 입장해 필요한 쇼핑을 한 후 곧장 걸어 나오면 고객 계정을 통해 비용이 자동으로 결제되는 혁신

매장이다.

자율주행차에 활용된 저스트 워크아웃(Just Walk Out) 기술을 기반으로 한 '아마존고'는 이미지 인식 기술인 컴퓨터 비전, 위치기반 행동반경을 관찰하는 지오펜싱(Geofencing), 여러 센서 데이터를 조합해 분석하는 센서퓨전(Sensor Fusion), 그리고 인공신경망을 기반으로 한 기계학습 기술인 딥러닝 등이 적용됐다.

미국에 '아마존고'가 있다면 중국에는 '빙고박스(BingoBox)'가 있다. 쇼핑 프로세스는 '아마존고'와 비슷하지만 별도의 쇼핑앱을 설치하지 않고, 다기능 메신저 '위챗(WeChat)'을 연동해 위챗 ID로 샵에 들어갈 수 있다. RFID 태그로 상품이 관리되고, 알리페이(Alipay)를 통해 결제할 수 있도록 했다. 두 비즈니스모델의 차이점은 아마존고가 향후 더욱 진화될 혁신기술을 기반으로 하는 데 반해 빙고박스는 현재의 기술을 적절히 통합한 시스템이라는 점이다.

이처럼 세계 각국에 소매점의 무인화 바람이 거세다. 우리나라는 최근 월 52시간 근무제와 최저임금 인상이 무인점포 도입에 기폭제가 되긴 했지만 그 전부터 이러한 연구는 계속돼 왔다. 지금은 주로 편의점에 제한적으로 도입되고 있지만 생필품, 채소, 패스트푸드 레스토랑, 세탁소 등으로 점차 확대될 것이다.

우리나라는 편의점과 유통업계가 무인점포 시대를 견인하고 있다. 초기 단계이지만 BGF리테일은 유·무인 병행형 편의점을 운영 중에 있으며, 세븐일레븐은 인공지능 결제로봇 '브니(VENY)'를 개발해 고객과의 소통과 결제 등을 돕도록 하고 있다. 또한 현대

백화점이 아마존과 손잡고 미래형 점포 개발에 공동으로 나서기로 협약했다.

중소규모 프랜차이즈나 자영업자들도 무인점포 론칭(launching)에 박차를 가하고 있다. 대표적인 곳이 세탁업체들로 구성된 협동조합인 대구소재 하이크리닝협동조합(이은희 이사장)이 최근 론칭한 24시간 무인세탁소 '하이크리닝24'다. 이용방법을 보면 점포 전면에 세워진 키오스크(Kiosk) 화면에서 회원 가입을 하고, 휴대폰 인증을 통해 비밀번호를 만든 다음, 세탁물을 맡기면 그 내용이 메시지로 고객에게 즉시 전달된다.

세탁공장은 이를 수거, 세탁한 후 다시 콘베이어시스템에 비치해 놓음과 동시에 고객에게 통보되고, 고객은 아무때나 찾아가면 되는 구조다. 코인세탁소에서 물세탁은 가능하지만 드라이크리닝은 불가하고, 소비자들도 시간 제약 없이 이용할 수 있는 데다 워라밸을 지향하는 자영업자가 늘고 있다는 점에 착안했다.

앞선 사례들이 입지(location)에 기반한 '브릭 앤드 모르타르(Brick and Mortar)'형 무인점포 모델이라면 코드 앤드 모르타르(Code and Mortar) 즉, 암호(code) 하나만으로 모든 쇼핑이 가능한 이동형 무인점포 사례도 많다.

CES2018에서 공개한 토요타의 모빌리티서비스 이팔레트(e-palette)가 대표적이다. 자율주행차를 활용한 이동식 소매점으로 필요한 상품을 고객이 원하는 장소에서 바로 구입할 수 있도록 한 셔틀상점이다. 예컨대, 반찬을 사고 싶은 고객에게는 반찬가게가, 우동을 먹고 싶다면 우동가게가 바로 집 앞까지 찾아오는 개인화 서비스인 셈이다. 이 모델은 2021년 도쿄올림픽 때 첫 선을 보인다. 자율주행차가 초기에는 개인이 사기에 부담스럽기 때문에 모빌리티서비스로 접근하려는 시도다.

기술 차이는 있지만 같은 메커니즘으로 이미 시험가동 중인 곳도 있다. 중국의 '모비마트(Moby Mart)'로 점원이 없는 자율주행 채소상점이다. 태양광 에너지로 움직이는 이 자율주행 점포에 들어서면 가상직원이 홀로그램으로 나타나 간단한 인사를 건넨다. 고객은 RFID가 부착된 상품을 리더기가 있는 바구니에 넣으면 바로 계산되는 구조다. 상하이에서 첫 선을 보인 '모비마트'는 스웨덴의 휠리스(Wheelys)와 중국 허페이 대학이 공동 개발한 모델이다.

이처럼 세계 각국에서 무인점포는 다양하게 모델링돼 나타나고 있다. 아마존고가 비슷한 신체 유형의 소비자나 물건을 이리저리 옮기는 어린이를 정확하게 식별하지 못하는 문제를 야기하기도 했지만 물리적 소매점의 미래에 대한 티저(teaser)이며 사물인터넷(IoT)의 진일보 사례임은 분명하다. 여기에 토요타의 '이팔레트(e-palette)' 프로젝트는 미래의 무인소매점 생태계를 적나라하게 보여주는 사례다.

구독서비스

Subscription services

1988년 호주에서 몇 달 머물 계획으로 시드니의 한 부동산중개소를 들렀다. 입구에는 담당 분야별 전문가 사진과 프로필이 붙어 있어 단기 렌트 담당자와 바로 상담을 할 수 있었다. 그는 얘기 중에 흥미로운 제안을 했다. "호주 어느 도시를 가더라도 같은 조건으로 주택을 이용할 수 있습니다."

부동산중개소가 체인시스템이어서 전국의 렌트하우스를 모두 공유하기 때문에 주(週) 단위로 정해진 비용만 지불하면 된다는 것이다. 부동산중개소가 집주인이 할 일, 예컨대, 임대·매매와 렌트비 수납, 세금정산까지 대행하기 때문에 전국 어디든 하우스를 바꿔가면서 이용할 수 있다. 참고로 호주는 주급제를 채택하고 있다.

당시 우리나라는 부동산중개소가 입지주변의 임대, 매매 등에만 제한적으로 서비스하고 있었기 때문에 이러한 시스템이 상당히 신선하게 다가왔다. 이 방식을 이용해 골프관광객을 위한 골프장 순회서비스 상품을 개발하면 가능성이 있겠다는 생각도 했다.

그로부터 25년, 18세 인도 청년 리테슈 아갈왈(Ritesh Agarwal)은 3

개월 동안 여러 숙박업소에 직접 예약해 체험해 본 후, 숙박 예약 사이트 오라벨스테이(Oravel Stays)를 창업했다. 언급한 호주의 부동산중개소의 체인시스템에다 IT를 접목해 플랫폼으로 재탄생시킨 것이다.

'오라벨스테이'는 '오요룸스(OYO Rooms)'로 사명을 바꾸고 글로벌 플랫폼으로 거듭났다. 이 회사는 단순히 숙박 예약이나 중개를 하는 것이 아니라 담당자가 각 호텔의 현지조사를 하고, 무료 Wi-Fi, 아침식사, 에어컨, 침대 청결도 등 30개 항을 체크한 다음 적격 판정을 받은 호텔만 파트너로 하고 있다. 부동산 렌트에다 편의서비스를 입힌 것이다. 이러한 차별화된 서비스 덕분에 세계 80개국 800개 도시에 연결돼 있다.

언급한 사업유형을 구독형(Subscription type) 비즈니스모델이라 한다. 즉, 신문처럼 미리 정한 구독료를 내고 필요한 물건이나 서비스를 사용하는 소비경제를 말한다.

구독 비즈니스모델의 선두주자는 1997년 창업한 엔터테인먼트 OTT(Over The Top) 기업, 넷플릭스(NETFLIX)다. 우리나라 젊은층에서도 인기몰이를 하고 있는 넷플릭스는 코드커팅(cord cutting), 즉 기존 케이블TV 이용자들이 케이블 코드(cord)를 잘라내는(cutting) 현상을 이끌고 있다. 180여 개국 1억5,000만 명의 정액제 구독회원을 보유한 넷플릭스는 인터넷에 연결된 스크린만 있으면 TV 시리즈, 다큐멘터리, 영화 등 다양한 장르의 엔터테인먼트를 다국어로 즐길 수 있다.

애플뉴스플러스(Apple News+)도 구독 서비스에 발을 담갔다. 콘텐츠는 건강, 미용, 라이프스타일, 스포츠, 금융, 비즈니스 등 200여 카테고리로 구분돼 있다. 300개가 넘는 잡지와 〈월스트리트저널〉, 〈LA타임즈〉, 〈토론토스타신문〉 등에 접속할 수 있다. 월 구독료는 미국($9.99)과 캐나다($12.99)가 차이가 있다. 오요룸스가 부동산, 넷플릭스가 영상콘텐츠 구독 모델이라면 애플뉴스플러스(Apple News+)는 페이퍼(Paper) 콘텐츠 구독모델인 셈이다.

구독 서비스 모델이 디지털 영역에서만 통용되는 것은 아니다. 맨해튼에서는 샐러리맨을 위한 패션서비스를 구독형 비즈니스로 모델링해 인기를 끌고 있다. 애플리케이션(App)을 통해 그날 입고 싶은 패션을 선택하면 배송해 주고, 퇴근 후 다시 수거 후 세탁해 다른 사람이 입을 수 있도록 지원한다. 맨해튼은 임대료가 비싸 옷장을 두기 어렵다는 입지적 특성을 잘 파고든 모델이라 하겠다.

식음료 업계에서도 다양한 업종에서 구독 비즈니스모델을 채용하고 있다. 맨해튼의 스타트업 '후치'는 월 9.99달러에 맨해튼의 수백 개 술집에서 매일 칵테일을 한 잔씩 마실 수 있게 했다. 그 결과 2017년에 200만 달러의 매출을 올렸다. 패스트푸드 브랜드 '버거킹'도 월정액 5달러로 카페 구독 서비스(BK cafe subscription)를 시작했다.

도쿄 니시신주쿠(西新宿)에 있는 '커피마피아(Coffee mafia)'는 월정액 3천 엔으로 무제한 커피를 제공한다. 롯본기에 있는 프로비전(Provision)에서도 월정액(3만 엔)으로 최대 세 명까지 동행해 디너와 와인을 부담 없이 즐길 수 있다.

다음 그림은 신부클럽 플랫폼 비즈니스모델이다. 즉, 결혼을 앞
둔 예비신부를 대상으로 관련 정보를 제공해 주는 구독서비스 모
델이다. 그림에서 보듯, 예식장, 미용실, 여행사 등 결혼에 필요한
업체들과 파트너십을 맺고 그들로부터 관련 정보를 받아 신부들
에게 무료로 제공한다. 이를 구독한 신부들의 신청을 받으면 파
트너십을 맺은 업체에 그 정보를 공유하고 주선해 주는 모델이
다.

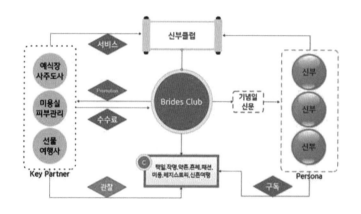

이밖에도 자동차기업 포르쉐(Porsch)가 8개 차종을 월 2,000달러
에 골라 탈 수 있는 구독서비스 모델을 출시한 바 있다. 앞으로는
콘텐츠, 식음료뿐 아니라 예술작품, 케어서비스, 에스테틱 등 다
양한 업종에서 도입이 예상되고 있다. 구독 경제의 세계시장 규
모가 올해 590조 원을 넘어설 것으로 전망되는 이유다.
　이렇듯 구독 비즈니스모델은 빠르게 확산되고 있다. 하지만 이
비즈니스모델이 어느 날 갑자기 만들어진 것은 아니다. 과거 PC

통신 세대인 중장년들은 기억하겠지만 당시 하이텔과 나우누리는 이미 월정액 구독 서비스를 실시한 바 있다.

천리안은 고급 정보는 종량제(Pay Per Use)모델을 묶어 선보인 바 있다. 앞으로 구독 비즈니스모델이 정착되면 여기에 종량제 비즈니스모델을 얹는 방법으로 진화할 가능성이 있다.

한편, "회원들이 모두 낸 돈보다 많이 이용하면 망하지 않을까?"라는 의구심이 들 수 있다. 그러나 '바이킹이론'에서 보듯 한번 움직이면 예상치 못한 마찰이 없는 한 시계추처럼 일정한 주기로 계속적으로 움직이게 된다. 돛대를 고정해놓고 그에 연결된 배가 같은 장소를 오가는 왕복운동을 하는 놀이기구인 바이킹처럼 진자운동이 지속된다는 뜻이다.

구독 비즈니스모델이 빠르게 확산되는 이유는 무엇일까? 크게 세 가지 관점에서 해석이 가능하다. 첫째, 소비자의 단순화 지향성이다. 상품을 소비하면서까지 복잡하게 계산하는 것에 싫증을 느끼는 것이다. 둘째, 업계의 저가경쟁의 가속화다. 할인(sale) → 최저가 → 종량제 → 구독제로 이어지는 저가경쟁 버전의 최신모델이다. 그리고 세 번째는 록인(lock in)효과다. 한번 구독하면 계속 이어지는 효과를 얻을 수 있어서다.

구독 서비스가 매력적인 비즈니스모델이기는 하지만 주의할 점이 있다. 고객이탈 문제가 그것인데 이탈하는 만큼 로스(loss)가 커지기 때문이다. 미국의 구독사업자 청구관리 플랫폼을 운영하는 리컬리(Recurly)가 1,200업체를 조사한 결과 구독상자 해지율은 중앙값이 12.3%다. 최고치는 19.1%에 달한다. 기업고객(B2B)보다 개인(B2C) 구독 해약률은 높다.

그렇다면 구독 서비스를 도입했을 때, 그 가능성을 미리 예측해 볼 수는 없을까? 물론 있다. 일단 초기 3개월 내에 해지율이 10%를 넘으면 성공하기 어렵다고 보는 것이 타당하다. 이럴 경우는 구독상자 큐레이션이 잘못된 경우일 수도 있지만 자체 역량으로는 한계가 있다.

레스
-less

일반적으로 브랜드는 제품(Product)제조로 출발해 가격(Price)을 결정하고 판촉활동(Promotion)을 통해 자사 매장이나 전자상거래 사이트(Place)에서 판매하는 흐름이다. 전통 경영학에서 말하는 이른바 4P전략이다. 그런데 이러한 고정관념을 완전히 바꾼 새로운 비즈니스모델이 등장했다. 공장 없는 제조업, 가게 없는 소매업, 점포 없는 음식점 같은 혁신적인 비즈니스모델이 등장한 것이다. 이른바 '레스 비즈니스모델(-less business model)'이 그것이다.

일본 후쿠오카에서 2013년에 창업한 '야맵(YAMAP.Inc)'은 본질적으로 등산용품 제조업이다. 하지만 자체 생산라인이 없고 판매할 매장도 없다. 그런데도 폭풍성장을 거듭하고 있다. 그 배경에는 150만 마니아를 거느린 등산지도 앱(App)이 있다.

일단 프로세스를 보자. 먼저 고객과의 소통을 위해 등산가를 위한 전용 앱(yamap)을 개발했다. 이 앱을 켜면 현재 등산 중인 위치를 파악할 수 있고, 그동안 올랐던 등산코스를 맵핑해 보여준다. 이용자들끼리 동선과 날씨를 공유하며 새로운 루트를 제안하기도 한다.

여기에 등산 중 조난사고나 장비 고장·파손·도난에 대비해 보험을 통해 안심하고 등산할 수 있도록 지원한다. 휴대폰 액정파손 7만엔, 구조대 수색 비용 45만 엔, 헬기수색 비용 165만 엔이 모두 하루 250엔의 보험료만으로 커버된다. 그 결과 이용자의 안전과 상호관계를 유기적으로 연결해 주는 커뮤니티로 발전했다.

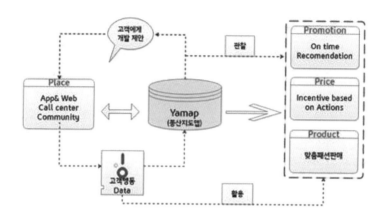

야맵(Yamap) 비즈니스모델

성공의 원천은 바로 이 지점부터다. 이용자들은 등산 중 등산복의 문제점이나 필요한 장비, 동행 프로그램 등의 문제점이 나타나면 바로 이 커뮤니티에 공유한다. 이 정보를 바탕으로 맞춤형 제품을 즉각 만들어 제공하는 것이다. 이른바 '요구에 의한(On Demand) 제품'인 것이다.

이 회사의 하루야마(春山慶彦) 사장은 매출만 추구하는 대량 생산, 대량 소비, 대량 폐기를 전제로 한 사업은 반드시 한계가 온다고 보고 창업했다. 이제는 고객과의 관계가 핵심 성공요인이 된다는 것이다. 유통에서 순경매로, 다시 역경매로 발전했듯이 제조업에서도 거꾸로 연결하는 역발상이 성공을 견인한 것이다.

미국에서 인기 있는 또 다른 레스(less) 비즈니스모델, 스티치픽스(Stitch fix)를 보자. 이 모델은 2011년 샌프란시스코에서 35세의 카트리나 레이크(Katrina Lake)가 설립한 온라인 개인 스타일링 서비스다. 그녀는 독특한 전략으로 급성장해 2018년 5월 현재 3,000명의 스타일리스트와 75명의 데이터 과학자를 포함해 5,800명의 직원이 있다. 2017년에는 나스닥에 상장했다.

이 회사의 비즈니스모델을 좀 더 깊게 들여다보자. 먼저, 고객이 이 서비스를 이용하려면 회사의 두 가지 제안에 동의해야 한다. 그 하나는 회사가 제공하는 온라인 설문에 응해야 하고, 다른 하나는 고객의 SNS 계정에 접근 권한을 주는 것이다.

고객의 스타일에 관한 설문조사 결과는 스타일리스트가, SNS 계정은 데이터 과학자들이 인공지능으로 분석한다. 이 결과를 바탕으로 대상고객에게 보낼 5개의 품목이 결정된다. 다음으로 고객이 원하는 날짜에 배송한 후, 고객이 판단할 수 있도록 3일간의 반품 여유를 준다.

하나 이상 구매할 경우, 별도의 스타일링 서비스 비용이 없고, 5개 품목 모두를 구매한 경우는 총비용에서 25%를 할인받는다. 고객은 원하는 기간을 정해 배송 빈도를 선택하면 같은 방법으로 서비스를 받을 수 있다. 스타일리스트와 기계학습을 결합한 혁신적인 서비스로 단기간에 글로벌기업으로 성장한 것이다.

일본의 조조닷컴(zozo.com)은 아주 독특한 방법으로 고객을 유인한다. 먼저 물방울무늬 옷 조조수트(zozosuit)을 입어보라고 보내준다. 고객은 받은 옷을 입고 사진을 찍어 전송한다. 회사는 그 사진을 보고 고객에게 어울리는 패션과 치수를 분석해 완벽한 착용감을 느낄 만한 제품을 추천하는 방식이다.

대상 고객은 표준 사이즈에 식상하거나 남다른 체형을 가진 고객들이다. 최근에는 AI를 활용해 유사상품 검색기능을 추가하고, 입지 않은 옷은 언제든지 포인트로 교환해 다음에 구입할 때 차감하도록 했다. 이러한 차별화 전략을 통해 72개국에 온라인 상점을 열 정도로 급성장했다.

승승장구하던 ZOZO는 아쉽게도 4월 25일, 몇몇 국가의 온라인 상점을 폐쇄했다. 문제는 두 가지다. 땡땡이옷을 통해 착용자 신체를 3D모델로 DB화하는 작업을 했다는 것. 그리고 수백 만 개의 조조슈트(Zozosuits)를 무료로 발송해 마케팅 비용이 많이 든 데다 생산 지연에 따른 불만이 누적된 결과다. 연말에는 일부 전략을 수정해 타 브랜드와 협력해 '다중플랫폼(multi-size platform)'으로 도약을 꿈꾸고 있다. 이 회사는 비록 피봇(Pivot) 과정을 거치고 있지만 아이디어만큼은 미러링(mirroring)해 다른 분야에 적용 가능할 것 같다.

레스 비즈니스모델은 패션에만 적용되는 모델이 아니다. 일본에는 '점포 없는 꽃집'이 인기를 끌고 있다. 지금까지는 플로리스트가 꽃을 만들어놓고 간단한 사연을 덧붙여 판매하는 수준이 대부분이다. 하지만 이곳에서는 거꾸로 사연을 꽃으로 표현하는 이른바 '스토리텔링꽃'을 오직 온라인으로만 판매한다.

예컨대, 결혼을 앞둔 남자가 예비신부에게 꽃을 보내고자 하면, 예비신부가 평소에 좋아하는 꽃, 꽃말에 담긴 남자의 마음, 미래의 소망 등을 글이 아닌 꽃으로 연출하는 것이다. IMF구제금융 시기에 가락동 농수산물 시장에서 유독 잘 팔리는 '김 판매점'이 있었다. 주인은 같은 김이지만 각각의 김에 스토리를 붙였다. '부부금슬 김', '아들 합격 기원 김'처럼. 그 결과는 쉽게 짐작이 갈 것이다. 점포 없는 꽃집의 콘셉트는 바로 이런 것이다.

언급한 사례들은 기존의 패션업체들과 확실한 차이점이 있다. 공장이나 점포 없는 사업을 하는 것은 기본이고, 이러한 일련의 과정을 통해 고객 데이터를 확보하는 방법이 다르다. 이로 인해 한번 거래한 고객은 다음 구매 때부터는 이러한 절차를 거치지 않아도 맞춤형 패션을 바로 추천할 수 있다.

우리 경제는 저성장의 늪에 빠져들고 있다. 전후좌우를 봐도 희망적 메시지는 들리지 않는다. 전통적인 창업 방법으로는 한계가 올 수밖에 없다. 이럴 때일수록 혁신적인 아이디어로 소비자들의 이목을 끌어들이는 방법밖에 없을 듯하다. 공간이 필요 없는 레스(less) 비즈니스모델은 그래서 더욱 돋보인다.

에듀테크

EduTech

1990년대 말, 몇몇 인터넷 전문가가 모여 '교육방식의 미래'에 대해 열띤 토론을 한 적이 있다. 지금이야 '인터넷 전문가'라고 하면 웃을 사람들이 많지만 당시만 해도 인터넷 환경을 이해하는 사람이 극소수였다. 필자가 지상파 뉴스에 인터뷰를 했을 때도 자막에 '인터넷 전문가'로 소개되던 시절이었다.

결론은 크게 세 가지였다. 첫째, 대부분의 학생이 온라인으로 1등 교수의 수업을 골라 듣게 될 것이다. 둘째, 정규교육을 기피하고 대안교육 시장이 점점 커질 것이다. 셋째, 평생교육이 필요한 시대가 올 것이다.

당시 "행복은 성적순이 아니잖아요"가 유행했듯이, 학력에 대한 시각이 달라지고 있다는 점, 21세기는 불확실성의 시대여서 새롭게 변해가는 경제 환경에 맞춰 매번 새로운 교육이 필요하다는 점, 그리고 세계를 잇는 인터넷 사용 환경이 고도화됐다는 점 등이 그 배경이다. 당시 예측은 크게 벗어나지 않았다.

그로부터 10여 년 후, 구글 부사장 출신의 스탠퍼드대 세바스찬 스런(Sebastian Thrun) 교수팀이 '유다시티(Udacity)'를 설립한다. 세계적인 명문대학의 1등 교수들이 그들의 강의를 대중에게 무료로 공개한 것이다. 처음에는 학생들을 위한 동영상 교육에 중점을 두었으나 점차 전문가를 위한 직업교육으로 확대 개편해가고 있다.

미국에 '유다시티(Udacity)'가 있다면, 프랑스에는 '에꼴42'가 있다. 통신재벌 회장이 사비로 운영하는 온라인학교로 교수·교재·학비가 없는 '3無정책'으로 유명하다. 지금은 유럽으로 확산돼 우수한 개발인력의 산실로 명성이 높다. 우리나라도 올해 비슷한 조직을 관 주도로 만들겠다는 계획이 진행 중인 것으로 안다.

이와 비슷한 콘셉트의 비즈니스모델로는 2012년, 스탠퍼드대 컴퓨터과학과 교수가 설립한 코세라(Coursera), MIT와 하버드대가 함께 만든 플랫폼 '에덱스(edX)' 등이 있다. 이렇듯 대중을 위한 온라인 공개수업 모델을 '무크(MOOC·Massive Open Online Course) 모델'이라 한다. 대학과정 수업을 온라인을 통해 무료로 들을 수 있도록 한 것인데, 지금은 온라인퀴즈, 수강생 간 피드백, 상호채점, 협동과제 등을 추가해 한층 고도화했다.

그런데 최근 들어 기계학습, 클라우드 컴퓨팅, 5G 등 인프라가 대폭 강화되면서 이러닝 시장이 더욱 고도화되고 있다. 에듀테크(EduTech)가 그것이다. 교육(Education)과 기술(Technology)의 합성어로 단순히 온라인으로 학습하는 이러닝을 뛰어넘어 빅데이터, 인공지능(AI), AR·VR(증강·가상현실), 사물인터넷(IoT) 등 다양한 IT기술을 교육에 접목한 집합교육 방식을 말한다.

가장 선도하는 모델이 미네르바(Minerva)대학이다. 세계 162개국 젊은이들이 도전하지만 합격률이 3%도 되지 않는다. 하버드나 스탠퍼드보다 입학하기 어려운 대학이다. 이 대학은 지정된 강의실이 없이 세계 7개국을 순회하며 인터넷으로 수업한다. 학생들은 인터넷으로 강의를 들으며 실시간으로 질문하고 상호 피드백을 할 수 있으며, 그 내용을 저장했다가 언제 어디서라도 누구나 꺼내 다시 볼 수 있도록 한 '능동학습(active learning)' 방식으로 진행된다.

학교교육 방식에서만 에듀테크가 적용되는 것은 아니다. 우리나라는 여전히 이러닝 시스템 수준이지만 해외에서는 교육대상에 따라 에듀테크형 솔루션들이 다양하게 나와 있다. 교육대상에 따라 교사들의 역량강화를 위한 플랫폼, 학생교육과 관리를 통합한 인터렉티브(interactive) 솔루션, 그리고 전문역량을 키우려는 일반인들을 대상으로 한 평생교육 솔루션 등이 있다.

교사를 위한 에듀테크 솔루션으로는 '토쉬탤런트(TORSH Talent)'가 꼽힌다. 교실에서의 강의나 상담영상 등을 동료교사나 전문가들과 공유하고 보완해 가면서 최적의 교수법을 찾아가는 시스템이다. 즉, 교사들의 콘텐츠를 상호 피드백해 줌으로써 각자의 역량을 높이고 학생들의 다양한 문제를 집단지성으로 풀어내려는 시도다.

'애질릭스(Agilix)'는 다양한 학습 프로그램을 통합 관리하는 시스템으로 학생들이 자신의 수준이나 선호과목에 따라 프로젝트 기반, 혹은 역량 기반 학습모델을 선택할 수 있도록 하고 있다. 이러한 일련의 과정을 통해 교사와 학생, 그리고 부모가 참여해 학생의 학습경로 최적화를 지원한다.

반면, '코스피어(CoursePeer)' 솔루션은 기업에서 채용하면 유용하게 활용될 수 있다. 학습 경로와 학습자의 특성에 최적화된 도구와 콘텐츠를 지원한다. 모바일로도 지원되는 이 도구들은 학습과정, 산출물 인증, 인트라넷 등이 완벽하게 통합되는 고급 기능을 제공한다. 특히, 직원, 고객 및 파트너를 위한 커뮤니티, 멀티미디어 양식 등을 지원해 레벨과 역량을 평가해 보상한다. 또 다른 기능인 공동 의사결정 시스템은 기업의 공동 이슈에 대한 컨센서스(consensus)를 도출하는 데 용이하다.

이 외에도 수강생의 요구에 따라 교육 내용을 정의하고 학생이 원하는 콘텐츠를 맞춤형으로 제공하는 플랫폼 '뉴튼(Knewton)', 학생들이 자신의 PC에서 클래스 전체와 프레젠테이션을 공유할 수 있고, 수업 중 학생간 개별 토론이 가능한 '넷탑비전(Netop Vision)' 등이 있다.

최근 교육용 콘텐츠를 만드는 영국의 스타트업 '엘리멘탈 패스(Elemental Path)'가 흥미를 끈다. 어린이가 스스로 장난감을 조립한 뒤 이 장난감에 스마트 스피커 기능을 넣어 대화하며 놀 수 있도록 한 게이미피케이션(Gamification)형 교육방식이다. O2O(Offline to Online)통합방식인데 인간의 언어를 이해하고 판단하는 데 최적화된 인공지능 슈퍼컴퓨터인 IBM의 왓슨(Watson)과 제휴했다. 이처럼 온라인 교육시장은 지능화·통합화·실감화를 통해 교육 대상에 따라 다양한 방법으로 고도화하고 있다.

글로벌 이러닝 시장은 매년 12% 이상 성장하고 있다. 우리나라에서도 개인뿐 아니라 공공기관, 대기업 등에서 직원 교육의 일환으로 이러닝과 같은 대안교육을 권장하고 있는 만큼 갈수록 시장이 커질 것은 확실하다. 이러닝시스템 모크(MOC)를 개발해 포스트코로나 시대를 이끄는 이윤승 대표는 "에듀테크 솔루션은 오픈소스가 많아 창업비가 적게 드는 데다 교육 대상을 특화해 양질의 콘텐츠로 승부하면 충분히 승산이 있다"고 말한다.

드라이브스루

Drive-Through

우리나라 '드라이브스루(Drive-Through)' 방식의 선별진료소가 해외에서 찬사를 받은 바 있다. 일반진료소를 이용하면 30분 걸리던 검사가 불과 10분 만에, 그것도 비교적 안전하게 처리할 수 있다는 점 때문이다. 코로나19 국내 1번 확진자의 주치의인 인천의료원 김진용 감염내과 과장이 학회에서 진료와 드라이브스루를 결합한 아이디어를 낸 것으로 알려져 있다.

긴급진료가 필요한 상황에서 이를 실용화한 사례로는 세계에서 가장 앞선다. 하지만 드라이브스루 방식의 검사는 이전에도 시도된 적은 있다. 2009년 신종플루 당시 스탠퍼드 대학병원에서다. 다만 그때는 실험에 그치고 공식적으로 시행하지는 않았다. 여기서 '드라이브스루'는 '차를 탄 채로(drive)', '쓱 지나간다(through)'는 의미다.

드라이브스루 시스템은 역사가 깊다. 1921년 미국 달라스에서 오픈한 레스토랑 피그스탠드(Kirby's Pig Stand)가 처음 도입했다. 돼지 바비큐 샌드위치와 어니언링 등을 파는 패스트푸드 레스토랑이다. 이 가게도 처음에는 드라이브인 아이디어로 시작했다 드라이브스루로 전환했다. 그 덕분에 불과 25만 명이 사는 지역에서

주당 5만 개가 팔릴 정도로 인기를 끌었다. 이 레스토랑은 안타깝게도 상표권 분쟁으로 2006년 파산했다.

이후 은행에서도 이 시스템을 도입했다. 1930년에는 세인트루이스의 그랜드내셔널뱅크(Grand National Bank)가, 1959년에는 영국 웨스트민스터은행 (Westminster Bank)이 리버풀 (Liverpool)에서 개설했다. 영업이 종료된 후, 야간에 입금을 해야하는 자영업자들이 차를 탄채 슬롯(slot)을 통해 입금하도록 주민들에게 편의를 제공하기 위함이었다.

드라이브스루가 요식업에서 본격적으로 활용된 것은 패스트푸드 기업 '인앤아웃(In-N-Out)'이다. 햄버거, 치즈버거, 더블더블 세 가지를 주 메뉴로 하는 이 회사는 1948년 캘리포니아 볼드윈 파크(Baldwin Park)에서 작은 햄버거가게로 시작해 'No Delay'를 캐치프레이즈로 정확한 시간에 음식을 제공해 급성장할 수 있었다.

이후 웬디스(1969), 맥도날드(1975) 등이 드라이브스루 시스템을 이어왔다. 맥도날드의 첫 번째 드라이브스루는 1975년 애리조나의 군사시설 인근에서 시도됐다. 카홉(Carhops)으로 불리는 웨이트리스가 훈련으로 지친 병사들을 위해 빠른 서비스로 대응한 것이다.

필자가 드라이브스루를 처음 듣게 된 것은 1982년. 국제행사대행업(PCO)을 하고 있을 때 동시통역사로 참여했던 독일 공영방송(ZDF)의 안번작 기자가 "독일에는 드라이브스루 극장이 있는데 한국에서 한번 해보면 좋지 않겠느냐"는 제안이었다. 이 정보를 방송을 통해 공개했고, 이후 '자유로자동차극장'이 개설됐다.

코로나19 사태로 더욱 유명해지긴 했지만 드라이브스루 시스템은 최근 국내에서도 업종을 불문하고 다양하게 시도되고 있다. 우리나라에서 처음 도입한 자유로자동차극장에서 광진구의 한 교회가 예배를 본 것을 시작으로 롯데백화점 광주점이 드라이브스루의 다른 이름인 '드라이브픽(Drive Pick)' 서비스를 개시했다.

하지만 미국의 상당수 패스트푸드체인에서 적용하고 있다는 점에서 알 수 있듯이 드라이브스루 비즈니스모델은 소매와 요식업에 최적화돼 있다. 영국에서는 2010년, 테스코(Tesco)가 도입했고, 2012년에는 네덜란드 체인 알버트하인(Albert Heijn)이 온라인 고객을 위해 '픽업 포인트'라는 이름으로 도입한 점에서도 그렇다.

드라이브스루 모델이 가장 어울리는 업종은 단연 커피전문점이다. 메뉴가 비교적 단순하고, 표준화돼 있는 데다 테이크아웃으로는 적격이기 때문이다. 미국에서는 술을 병째 파는 리커샵(liquor shop)에서도 채용하고 있고, 일본에서도 상당수 세탁소가 드라이브스루를 도입했다. 특히, 세탁소는 주유소와 결합하면 상당한 시너지효과를 얻을 수 있을 것이다.

소상공인 업종 가운데 드라이브스루를 적용하면 좋을 업종으로는 사진관·건강식품점·꽃집·서점·완구점·유기농식품점·인삼제품소매점·화장품 등이 있고 요식업으로는 커피전문점 외에도 만두·도너츠·도시락·떡볶이·샌드위치·순대집·아이스크림전문점·제과점·족발집·초밥집·토스트·후라이드치킨 등은 당장 도입해도 무리가 없을 것으로 보인다.

약국에서도 이 모델을 적용하면 효과가 클 것으로 보인다. 요즘은 상급종합병원에서 바로 약국으로 처방전을 전송해 주는 서비스가 있기 때문인데, 이 드라이브스루 모델을 적용하면 일단 내려서 약국을 들러야 하는 불편함이 없어질 것이다. 언뜻 이해하기 어렵지만 미국에서는 장례식장이나 결혼식장, 법률상담 등도 드라이브스루 시스템을 채용한 사례도 있다.

드라이브스루 비즈니스모델을 채용하려면 몇 가지 조건이 있다. 일단 품질 비교를 하지 않아도 되는 제품이어야 하고, 표준화돼 있어서 어디서 구매하더라도 가격이나 품질에 차이가 없어야 한다. 성인용품점이나 전당포처럼 비대면서비스가 자연스러운 업종도 고려하면 좋다. 다만 최소한 4~5대가 기다리는 데 불편함이 없는 입지여야 한다.

업종은 해당되나 차량 대기열을 세울 수 없는 장소라면 '워크업윈도우(Walk-up window)' 비즈니스모델을 채용해도 좋다. 워크업윈도우는 고객이 외부에서 창을 통해 서비스를 받을 수 있도록 한 이른바 '워킹스루(Walking thru)' 모델을 말한다.

다만 이 시스템을 도입하려면 자동차를 소유하지 않은 고객 비중이 높거나 늦은 밤에도 빠른 서비스가 필요한, 시간에 쫓기는 고객층이 많은 역(驛) 주변의 횡단보도 앞이어야 한다. 드라이브스루 솔루션과 액세서리는 이미 다양하게 나와 있어 도입에는 무리가 없다.

코로나19로 인한 소비 위축은 당분간 계속될 것 같다. 이럴 때일수록 고객 가치사슬에서 약한 고리를 깰 수 있는 드라이브스루 같은 비즈니스모델이 필요하다. 이 기회에 드라이브스루 전용앱을 개발할 스타트업 창업도 괜찮을 것 같다. 그 자체로는 시장이 크지 않지만 내비게이션 업체와 제휴를 목표로 도전하는 전략이면 가능하다.

반려동물

Companion Animal

저출산·고령화로 인한 수혜업종 가운데 으뜸은 반려동물 업종이다. 이제 하나의 산업으로 분류해도 손색이 없을 정도로 시장 규모도 커졌다. 반려동물 사육 비율이 가장 높은 대륙은 남미로 전체 가구의 80%, 미국에서도 65%에 이른다.

아시아도 예외는 아니다. 일본에서는 전체의 30%를 넘는 가구가 반려동물을 기르고 있고, 2018년 기준 우리나라도 서울을 기준으로 85만여 가구로 전체 가구의 20% 수준이다. 세계적으로 개는 전체 가구의 1/3, 고양이는 1/4이 키우고 있다. 이처럼 가족화 경향으로 '애완동물(pet)'에서 '반려동물(companion animal)'로 격도 한층 높아졌다.

성장세도 가파르다. 아시아 주요국의 자료를 종합하면 일본은 2020년 시장 규모가 43억 달러로 추정되며, 중국은 2019년에 전년대비 50%가 성장한 26억 달러에 이른다. 우리나라도 반려동물 관련 시장이 2022년까지 5억7,300만 달러 규모로 성장할 것으로 보인다. 세계적으로는 2017년부터 2022년까지 연평균 성장률을 8%대로 예상하고 있다.

이처럼 급성장하는 시장을 선점하기 위한 스타트업의 도전도

치열하다. 반려동물 시장은 크게 사료, 용품, 의료, 기타 서비스 등으로 나뉜다. 이 가운데 스타트업들이 관심을 갖는 분야는 제조보다 케어 서비스 및 소매에 방점이 찍혀 있다.

우선 강아지 케어서비스(dog sitter)가 눈길을 끈다. 대표적인 선도 업체로는 웩(Wag), 로버(Rover), 독허기(Doghuggy) 등이 있다. 2014년 로스앤젤레스에서 창업한 웩(Wag)는 강아지 산책을 대신 해주는 플랫폼이다. 자체 개발한 앱을 통해 산책 중에 강아지가 언제, 어디서 배설을 하는지를 개 소유자에게 알려준다. 2018년 소프트뱅크 비전펀드에서 3억 달러를 투자받았다.

시애틀에서 열린 스타트업 위크엔드(Startup Weekend) 콘테스트에서 1위를 한 '로버(Rover)'는 반려동물 산책뿐 아니라 훈련까지 시켜주는 스타트업이다. 지금은 미국 전역으로 서비스를 확대해 약 20만명의 시터가 활동하고 있다. 최근 1.55억 달러를 투자 받았다.

2016년, 일본에서 창업한 '독허기(Doghuggy)'는 〈닛케이〉가 선정한 2018년 히트기업에 선정될 정도로 크게 성장하고 있다. 차별화 전략으로는 24시간 케어가 가능하고, 강아지 놀이터로 넓은 전용 하우스를 이용하며 매시간 보고서를 주인에게 전송한다는 점이다.

이들 스타트업의 공통적인 성공요인은 엄격한 채용 기준과 AI 활용, 즉, 견주와 시터(Sitter)의 매칭에 AI를 활용하는 것이다. 매칭률은 평균 20% 정도로 높지 않지만 그만큼 만족도가 커 연예인 단골도 많다. 또 다른 성공요인은 위치기반 데이터를 사용한다는 점이다. 정교한 알고리즘에 따라 이동시간이 가장 짧은 거리, 즉 루트 정보를 감안해 매칭한다. 여기에다 가장 안전한 최적의 산책코스 정보를 지원한다.

다음으로는 밀키트(meal kit) 구독서비스를 목적사업으로 하는 스타트업이다. 대표적인 브랜드로는 놈놈나우(NomNomNow), 펫플레이트(PetPlate), 올리(Ollie), 더파머스독(The Farmer's Dog) 등이 있다. 사람처럼 양질의 식품을 먹이려 매번 사러 나가는 불편을 없애기 위해 구독서비스 모델로 도전했다.

놈놈나우(NomNomNow)는 '사람에게 좋은 것이 동물에게도 좋다.'는 캐치프레이즈로 견주들의 마음을 사로잡았다. 서비스 내용은 비교적 간단하다. 먼저 동물정보를 입력하면 플랫폼에서 견종의 연령에 따라 최적의 사료 패키지를 제안한다. 소형견 기준으로 매월 84달러다. 미국의 뉴스 신디케이션 회사인 글로벌뉴스와이어(Globe News Wire)에 따르면, 이 회사는 최근 1년간 6.5배 성장했고, 최근 1,300만 달러를 유치하기도 했다.

펫플레이트, 올리, 더파머스독 등은 유기농 '밀키트' 판매를 지향한다. 온라인 홍보대행사인 Cision 자료에 따르면, 유기농 식생활을 한 동물은 평균 32개월을 더 살고 암 발생률도 65% 줄일 수 있다고 한다. 이들 기업들은 향후 AI 매칭 서비스에 IoT를 접목해 맞춤서비스로 고도화를 서두르고 있다. 예컨대, 기존 사료제조업체와 IoT기술로 연결해 반려동물 프로필에 맞는 개인화서비스를 지향하려는 움직임이다.

이를 위해 반려동물에 맞는 맞춤형 먹이그릇을 제공한다. 강아지는 키나 목 상태에 따라 먹이그릇의 높이가 달라진다는 점에 착안했다. 실제로 펫넷(Petnet)은 이러한 비즈니스모델을 제시해 최근 1,000만 달러를 조달했다.

다음은 반려동물 의료시장으로 선도업체로는 베트(Vette), 포프린트(PawPrint), 휘슬(Whistle) 등이 있다. IT뉴스 전문매체 〈테크크런치〉(TechCrunch)에 따르면, 일반적으로 반려견의 이상 증상의 89% 증상이 가정에서 가볍게 고칠 수 있는 것들인데도 대부분 수의사에게 달려간다는 것이다. 그래서 등장한 비즈니스모델이 바로 주문형 수의사 파견서비스업이다. 일종의 반려동물 주치의제도다.

이 분야에서는 베티드(Vetted)가 가장 앞서 있다. 이 플랫폼은 99달러를 회비로 내면 서비스를 받을 수 있다. 만일 처방전이 필요하면 일반 동물병원보다 25~40% 싸고, 접수 후 90분 내 방문하는 것을 원칙으로 한다. 현재 로스앤젤레스에서만 하고 있다. 비슷한 서비스로는 온라인 영상채팅을 통해 서비스 중인 원격진료 서비스 트릿(Treat)이 있다. 앱(App)을 통해 주기적으로 반려동물 건강을 체크해 주는 서비스도 있다. 포프린트가 바로 그곳이다. 연령대별 예방주사나 주기적으로 복용하는 처방전 서비스 등을 앱으로 제공한다.

'휘슬(Whistle)'은 애완동물 목걸이를 개발해 건강체크와 분실방지에 특화된 서비스를 한다. 동물용 '핏빗(Fitbit)'이라 할 수 있다. 핏빗은 웨어러블 디바이스로 PC 또는 다른 스마트기기의 앱과 연동해 착용자의 운동량, 소모 열량, 일부 건강 상태 등을 체크할 수 있다. 잘 때도 차고 자면 수면 상태가 얼마나 양호했는가를 체크할 수도 있다.

일본의 한 스타트업은 반려견의 소리를 분석해 욕구를 알아내는 빅데이터를 수집 중이다. 세계 최초로 수화를 통해 사람과 소통했던 고릴라 '코코'처럼 앞으로 반려견들과 소통하는 날이 올 것도 같다. 일본에는 강아지 목욕탕이 따로 생기고, 영국에서는 3,500만 원을 들여 강아지 결혼식을 올리는가 하면, 미국에서는 강아지에게 유산을 물려주는 일도 있었다. 이제 우리나라도 강아지를 호적에 올리자고 할지도 모를 일이다.

리퍼럴

Referral

1993년 총 사업비 1조6,000억 원이 투입된 대전엑스포(Expo)는 108개국이 참가한 국제박람회로 개발도상국에서는 처음 개최된 기록을 갖고 있다. 당시 미국, 캐나다, 프랑스 등 몇몇 선진국의 독립관이 세워졌는데 준비 과정에서 문제점이 발견됐다. 다른 나라와는 달리 미국관에는 다단계업체 암웨이가 단독으로 꾸미고 있었기 때문이다. 캐나다관에는 지금 영화관에서 경험할 수 있는 4D체험관이 있었던 것과는 대조적이었다.

다단계 모델에 대해 부정적 시각을 가진 우리 정부가 이를 문제 삼자 취임한 지 얼마 안 된 클린턴 미국 대통령이 급히 내한해 지원사격 해 결국 그대로 진행됐다. 뒷얘기지만 미국의 요구를 수용해 준 대가로 암웨이로부터 사업비의 상당금액을 지원받는 조건이 있었다고 한다. 재정형편이 어려운 시기여서 그러한 제안을 뿌리치기가 어려웠을 것이다.

언급한 문제의 암웨이가 바로 리퍼럴(referral), 즉 추천형 비즈니스모델의 원조격이다. 지인이나 유명인 등 신뢰할 수 있는 사람의 추천에 의해 구매하는 프로세스를 가진 모델인 것이다. 리퍼럴(referral)은 일부 기업의 경우, 마케팅 전략의 일환으로 도입하기도 한다. 페이스북(Facebook), 에어비앤비(Airbnb), 드롭박스(Dropbox) 등이 이러한 추천 전술을 채택하고 있다.

일반 소매업인 '에버레인(Everlane)'을 보자. 2015년 5,000만 달러의 매출을 올렸던 이 회사는 불과 1년이 지난 2016년에 두 배 늘어난 1억 달러를 기록했다. 여행용 티셔츠나 바지 등 기본적인 의류만을 판매하는 회사치고는 경이로운 성장이다. 다른 의류소매점과 차이점은 딱 한 가지. 투명경영을 통한 추천서비스다. 고객들은 "같은 티셔츠인데 왜 가격이 차이가 나는가?"에 대한 솔루션으로 투명경영을 선택한 것이다.

즉, 천(fabric)은 어떤 재질을 쓰고, 원가는 얼마나 들었는지, 그리고 여기에 마진을 몇 퍼센트 붙였는지를 공개하는 것이다. 이로 인해 고객의 신뢰를 얻게 되고, 자연스럽게 추천으로 이어져 생산성을 크게 향상시킬 수 있다. 창업자 마이클 프레이즈먼(Michael Preysman)은 고객이 두 가지 점에서 투명성을 원한다는 것을 깨닫고 이러한 전략모델을 도입했다. 하나는 "고객들은 윤리적 노동력으로 생산된 제품을 지지한다"는 점이고, 다른 하나는 "이 제품이 어떻게 만들어지며 가격은 정당한가"에 대해 답을 찾고자 한 것이다. 그 결과 일단 고객이 되면 재방문 구매율이 추천 없이 구매한 신규 고객보다 67% 높다는 사실도 확인했다.

우리나라 농림수산식품부가 직접 지원한 농산물 직거래장터인 '이웃농촌(enongchon.com)'은 강소농이 생산한 농산물을 소비자에게 온라인으로 판매하는 직거래 플랫폼으로 2014년 오픈했다. 이 플랫폼이 채택한 전략 가운데 하나가 바로 농산물큐레이터의 추천을 통해 판매하는 리퍼럴서비스다. 즉, 생산자가 올린 농산물을 큐레이터가 검증한 후 자신의 블로그에 추천해 소비자들이 유통 단계를 거치지 않고 직접 구매할 수 있도록 한 것이다. 즉, 생산자 → 큐레이터 → 구매자로 이어지는 유통시스템이다.

그러나 소비자가 의무적으로 큐레이터를 선택해야 구매할 수 있는데다 큐레이터간 프로모션 역량이 크게 차이가 나서 고객의 불만이 제기되자 지금은 잠정 중단하고 그 수익비율만큼 소비자에게 할인이벤트를 통해 돌려주고 있다. 하지만 오픈 당시만 해도 이 모델은 획기적인 전략으로 받아들여졌다. 큐레이터들에게 옴니채널 활용 도구를 제공하고, 로그 분석을 통해 배분의 정당성을 확보한다면 지금도 유효한 방법이 될 것이다.

미국의 변호사 추천 서비스(Lawyer referral service)도 성공한 리퍼럴 모델로 꼽힌다. 의뢰인과 변호사를 연결해 주는 서비스다. 의뢰인의 사건 특성에 따라 전문 변호사를 연결해 주고 의뢰인으로부터 저렴한 수수료를 받는다. 이 모델은 국내에서도 여러 차례 도전한 사례가 있다. 단순히 연결해 주는 기능적 문제를 넘어 유사한 판례를 보여주고 스스로 대응할 수 있는 방법까지 알려주는 등 콘텐츠를 강화했지만 법적인 문제를 해결하지 못해 아직 빛을 보지 못하고 있다.

이번에는 온라인 학습플랫폼 우데미(Udemy.com)를 보자. 2018년 현재, 6만5,000개 이상의 코스가 등록된 이 사이트는 대학이 주도하는 무크(MOOC) 프로그램과는 달리 성인을 대상으로 하는 역량교육 플랫폼이다. 강사가 코스를 만들고 수강생은 선택수강을 하는 방식은 여타 플랫폼과 크게 다르지 않다.

하지만 여기에다 여러 제휴사가 참여해 이용자를 상담하고 맞춤형 강의를 추천하는 서비스로 차별화했다. 어떤 방식으로 모집하느냐에 따라 수익이 달라지는 모델이다. 강사가 콘텐츠를 직접 제작하고 모집해 오픈한 경우는 97%를 가져가지만 제휴사가 판촉을 통해 개강하면 강사는 25%의 수익만 가져갈 수 있다. 나머지 금액은 플랫폼과 제휴사가 각각 50%씩 나누는 수익모델이다.

미국 프랜차이즈 네트워킹조직인 BNI(Business Network International)도 성공모델 중 하나다. 전 세계 8,400개 지부에 24만 명의 회원을 보유한 이 조직은 주간 회의를 통해 비즈니스에 대해 토론한 후 브랜드 추천을 공유함으로써 안전창업을 지원한다.

이러한 리퍼럴 비즈니스모델은 리퍼럴러(Referraler)가 자신의 수익을 위해 부적절한 제품을 추천할 수 있다는 단점은 있다. 하지만 고객의 신뢰를 단박에 얻을 수 있다는 점과 확산 속도가 빠르다는 점, 그리고 프로모션 비용을 크게 줄일 수 있는 등의 장점이 있다. 리퍼럴 비즈니스모델을 적용할만한 사업 유형으로는 여행상품, 게임, 공간 대여, 베이비시터, 데이케어(Day Care), 의료기관, 농산물, 어린이용품, 고관여 제품, 목적구매형 제품 등이다.

도시재생

Urban Regeneration

2000년 말, 창업 트렌드(Trend)를 연구하기 위해 정보수집 차 일본을 갔다. 안내를 자청한 〈NHK〉 기자는 일본을 알기 위해 꼭 가봐야 할 곳이 있다며 '롯폰기'와 요코하마 '베이브리지'로 나를 안내했다. 롯폰기에서는 먼저 공연장과 레스토랑을 갖춘 대규모 복합문화시설을 들렀다. 때마침 일본의 대표적인 버라이어티쇼 '홍백가합전(紅白歌合戰)' 예행연습이 한창이었고 거리에는 휘황찬란한 네온사인에 발걸음을 맞춰 걷듯 여러 무리의 청춘들로 들썩였다. 이곳에서는 당대 국내외 인기스타와 명사들을 초청해 평소에도 젊은 직장인이 많이 몰린다고 했다.

두 번째로 들른 곳은 선술집이었는데 옆자리 손님 얼굴을 알아보기 어려울 정도로 은은한 조명 아래 사케와 절임안주가 나왔다. 사케는 지역마다 특색 있는 주조법으로 제조하기 때문에 종류만 2,000종이 넘고, 절임안주 역시 각 지방 농산물을 독특하게 절여 내기 때문에 고급안주로 인기가 높다는 설명을 곁들였다.

다음 날은 요코하마 베이브리지로 향했다. 금요일 오후였다. 해가 질 무렵, 수백여 대의 튜닝한 자동차가 한꺼번에 몰려들어 다리 밑에 제각각 자리를 잡았다. 어떤 차는 외장을 화려하게 꾸미기도 했고, 또 어떤 차는 트렁크에 통째로 고급 오디오를 장착해 놓고 연신 음악을 틀어댔다. 그 음악에 맞춰 주변에서 춤추고 노래하는 관광객들로 북적였다. 우리나라에서는 법으로 규제하던 때라 색다른 풍경이었다.

안내해 준 기자는 이곳들을 보여준 이유를 다음과 같이 설명했다. "일본은 조만간 인구가 줄어들고, 초고령사회로 진입하게 된다. 이렇게 되면 도시 일자리가 부족해 청년들이 일자리를 찾아 농촌을 이탈하게 되고, 지방은 쇠퇴를 거듭해 지방소멸시대가 올 것이다." 롯폰기를 보여준 이유는 죽어가는 도심상권을 되살리기 위해 무엇을 해야 하는지, 그리고 선술집처럼 도시와 농촌이 어떻게 해야 상생할 수 있는지를 보여주고 싶었다는 것이다.

요코하마 역시 시들어가는 도시를 어떻게 살려야 하는지 보여준 사례로 충분했다. 마니아들의 놀이터를 만들어 주면 관광객이 모이고, 그 곳에 일자리가 늘어난다는 사실이다. 당시에는 그다지 와 닿지 않았지만 10여 년이 지나자 바로 그 얘기가 우리 일이 됐다. 실제로 일본은 2006년에 노인인구 비율이 21%를 넘었고, 우리나라는 2026년 전후에 그 지점에 도달한다. 인구도 일본은 2008년을 정점으로 줄기 시작했고, 우리나라도 2019년 말에 이미 시작됐다.

이듬해에는 부동산 개발회사 초청으로 삿포로에 갔다. 삿포로 역사(驛舍)를 되살리는 프로젝트 일환으로 '한국관'을 검토해 보자고 했다. 협상은 결렬됐지만 한 가지 깨달음을 얻을 기회가 있었다. 실버타운을 견학한 일이다. 처음에는 실버타운이 주로 자연속의 조용한 장소에 들어섰다. 하지만 가족 면회가 어렵고, 오히려 사회와 차단돼 노인 우울증이 심해졌다. 그래서 착안한 방법이 실버타운을 도시 근교에 세워 젊은 부부들과 인접생활이 가능하도록 해 크게 성공했다. 즉, 주 중에는 입주노인들이 아이들을 돌봐주게 했더니 신혼부부들이 대거 이웃으로 이사를 왔던 것이다. 도시재생은 본질적으로 공동체 문화를 이끌어내려는 시도다. 따라서 국가를 위한 공동체 재생이 아니라 삿포로 실버타운처럼 개인중심의 공동체 조성이 필요하다는 생각이다.

일본 개방의 역사를 고스란히 담고 있는 나가사키현은 매년 봄에 열리는 '개항축제'도 볼거리지만 최근 오픈한 '로봇호텔'이 관광객들의 이목을 끄는 도시이기도 하다. 한 건설회사가 세운 하우스텐보스(HTB) 체인호텔인데 거의 모든 서비스를 로봇이 대신하는 곳이다. 여행자의 호기심을 자극하고 로봇기술을 뽐낼 수 있는 두 마리 토끼를 잡은 것이다. 지금은 기술기반 시대인데 과거의 공동체 이론으로 접근하려는 도시재생으로는 한계가 있음을 보여주는 대목이다.

아오모리현(青森県)에는 가을이면 30여만 명이 찾아오는 히라카와(平川)라는 작은 마을이 있다. '논(畓)예술'을 보기 위함인데, 넓은 논에 역사적 인물이나 세계적인 미술작품 등이 작물을 활용해 논에 그려져 있다. 필자가 다녀올 당시에는 〈말을 탄 사무라이〉와 〈로마의 휴일〉 같은 작품을 볼 수 있었다. 흥미로운 점은 작품 완성 과정에 있다.

먼저 가을걷이가 끝나면 동네사람들이 모여 다음해에는 어떤 작품을 만들지 의논하고, 합의가 되면 그 지역 미술교사가 스케치를 한다. 이를 다시 캐드로 작업한 다음, 논의 좌표를 정한다. 이런 과정을 거쳐 봄이 되면, 1,000여 명의 마을사람들이 각자 주어진 작업 위치에서 정해진 작물로 모심기를 한다. 마을 사람 모두의 합의로 일심동체가 돼 관광명소로 만들어낸 것이다.

일본의 사례를 들어 도시재생을 해석해 본 이유는 우리보다 먼저 겪은 나라이기 때문이기도 하지만 방법론에서 차이를 보이기 때문이다. 지금까지 우리가 국가 주도로 하드웨어적 접근을 했다면 일본은 민간 주도로 지역특유의 콘텐츠 개발을 통해 재생해 가고 있다는 점이다. 우리는 단기 성과에 집착한 반면에 일본은 느리지만 꾸준한 소프트랜딩이 오히려 큰 효과를 가져왔다는 점이다. '작은 날갯짓이 태풍을 몰고 온다'는 나비효과가 도시재생 정책에도 해당될 것으로 나는 믿는다.

프리미엄

Freemium

링크드인, 드롭박스, 에버노트. 이들의 공통점은 무엇일까? 기본적인 서비스와 제품은 무료로 제공하고, 고급 기능과 특수 기능에 대해서는 요금을 부과하는 방식, 즉 프리미엄(Freemium) 비즈니스모델이라는 점이 같다. '프리미엄(Freemium)'은 '무료(Free)'와 '할증(Premium)'의 혼성어다.

조금 더 들어가 보자. 드롭박스나 에버노트는 사용자로 등록하면 2기가바이트(GB)의 클라우드 기반 저장소가 무료로 제공된다. 무료로 사용하다가 공간이 부족할 경우 월 소액결제(micropayments)를 하면 저장용량을 늘려준다. 무료 버전만으로도 기본적인 사용에는 문제가 없지만 사진이나 영상을 백업하려는 사람은 용량을 늘릴 필요가 있다. 프리미엄(Freemium) 비즈니스모델은 제한된 기능을 무료로 제공하는 소프트웨어나 게임회사에서 흔히 경험할 수 있는 방법이며 갈수록 널리 사용되는 유효한 비즈니스모델이다.

다른 사례를 보자. 구글에서 제공하는 클라우드 파일 저장 서비스인 '구글 드라이브'는 기본적으로 최대 15GB의 파일을 무료로 사용할 수 있으나 저장용량을 추가하고자 할 때는 소액결제를 요구한다. 유튜브(Youtube) 역시 유튜브 '레드(Youtube Red)'에 가입하면 무료 서비스에서는 이용이 불가능한 동영상 광고제거 기능, 독점 콘텐츠에 대한 액세스 권한, 음악 스트리밍 서비스 등의 옵션을 추가로 제공한다.

 마케팅 자동화 플랫폼인 메일침프(Mailchimp)는 무료 플랜을 사용하면 최대 2,000명의 가입자에게 전자메일을 보낼 수 있으나 그 이상 보내려면 업그레이드해야 한다. 문법과 표절 검색 서비스인 그래멀리(Grammarly)도 프리미엄(Freemium) 모델을 채용했다. 문장을 보다 고도화하려면 별도의 추가서비스를 이용해야 한다. 미국판 '지식인' 서비스인 쿼라(Quora)를 이용할 때도 글을 올리면 문법이 맞는지 교열하도록 그래멀리가 자동으로 뜬다

 이렇듯 많은 플랫폼기업이 프리미엄(Freemium) 서비스를 핵심 수익모델로 갖고 가는 이유는 무엇일까? 기본적으로 다음의 세 가지 효과 때문이다. 첫째, 이용자를 단기간에 확보하는 지름길이어서다. 둘째, 브랜드 가치가 커진다는 점이다. 비록 무료 이용자라 할지라도 자산가치는 상당하다. 2000년대 초반 웹 가입자 1명당 100만 원이라는 얘기가 회자될 정도의 가치를 지녔다.

 셋째, 유료가입에 따른 거부감 해소다. 일반적으로 이용자는 경험하지 못한 서비스에 선결제 하는 데 거부감이 있다. 따라서 무료서비스가 없이 곧바로 프리미엄(Premium) 서비스로 가는 모델보다 훨씬 거부감이 덜하다. 특히 콘텐츠가 강력할수록 프리미엄(Freemium)서비스는 빛을 발한다.

 국내 사례를 되새김해 보자. 카카오의 전신인 다음커뮤니티케

이션은 초기에 이메일 계정을 무료로 지원했다. 무료 전략이 적중해 가입자가 기하급수적으로 늘어나자 2002년 4월, 온라인 우표제를 시행하기로 결정한다. 명목상 스팸메일과 바이러스 확산을 막기 위해 원하는 사용자에게 유료로 프리미엄 e메일 서비스를 제공하겠다는 논리를 내세웠다.

즉, 하루 1,000통 이상 메일을 발송하는 경우, 사용료를 건당 10원씩 부과하겠다는 이메일 유료화 정책이다. 그러나 가입자들의 반발을 불러와 불과 3년 만에 "인터넷 프로토콜(IP)제를 실시함에 따라 온라인 우표제를 폐기한다"는 표면상 이유를 들어 결국 항복선언을 했다. 이로 인해 가입자의 상당수가 '네이버'로 옮겨가는 위기를 맞았다.

1990년대 대학생들의 입사 선호도 1위였던 데이콤의 '천리안'도 마찬가지다. 당시 천리안 가입자들은 월정액으로 이용료를 지불하고 프리미엄(premium)서비스를 이용할 때는 종량제 정책을 폈다. 1990년대 후반 웹(web)서비스가 상용화되면서 포털 사이트들의 가입과 기본정보 이용이 무료로 바뀌었다. 하지만 '천리안'은 유료정책을 고집하다 결국 LG유플러스의 전신인 LG텔레콤에 흡수합병 당하는 불운을 불러왔다.

언급한 사례에서 중요한 교훈을 얻을 수 있다. 무료(Free)에서 프리미엄(Premium)으로 전환하게 하려면 무료 이용 때보다 훨씬 강력한 효용가치가 있어야 한다는 점이다. 또한 경쟁상대가 있을 때는 발빠른 정책 전환으로 이탈을 막아야 하는 것이다. 단순히 메일을 많이 보낸다고 과금하거나 유료회원의 수입이 아까워 기존정책을 고집한다면 다음은 없다. 톰 피터스가 《해방경영》이란 책에서 지적한 '유행을 따르는 경영'이 필요하다.

또 다른 교훈은 '뉴튼식 계약(Newtonian Engagement)' 정책이 필요하다는 점이다. 뉴튼(Newton)의 최초 운동법칙(law of motion)에서 유래된 계약정책으로 무료사용을 통해 마찰을 일으켜 그 탄력으로 프리미엄으로 넘어가게 하는 전략이다. 성공한 기업들이 소액 반복 결제로 프리미엄(premium)서비스를 유도하는 것은 바로 이 때문이다.

그렇다면 프리미엄(Freemium)서비스로 돈을 벌 수 있는가에 대한 의문이 들 수 있다. 그에 대한 답은 링크드인(LinkedIn)이 명쾌하게 해주고 있다. 링크드인 사용자 중 프리미엄(premium)으로 넘어가는 비율은 20% 미만이다. 그런데도 2017년 1분기에 거의 10억 달러의 매출을 올렸다. 사실 20%는 경이적인 수치지만 전환율이 높다고 해서 반드시 좋은 것은 아니다. 프리미엄 모델의 장점 중 하나는 트래픽을 크게 높일 수 있다는 점이며 이로 인해 광고 같은 또 다른 수익모델을 만들어 낼 수 있기 때문이다. 최적의 전환율은 5%이며 유료 앱 사용자는 월 24.66달러를 지불한다는 연구결과를 참조할 필요가 있다.

마지막으로 이러한 프리미엄 비즈니스모델을 채택할 때는 바이럴 효과가 큰지, 경쟁우위를 점할 정도로 상품이 매력적인지, 그리고 수익창출까지 견딜 펀더멘탈이 있는지 등은 사전에 해결할 과제다.

수직시장

Vertical Market

세계 최대의 악기·음향기기 제조업체 야마하(Yamaha Corporation)는 1887년, 리드(Reed) 오르간을 개발하면서 시작됐다. 이후 직립형 피아노 생산(1900) → 음원연구소 설립(1930) → 뮤직스쿨 설립(1954) → 전자오르간 '일렉톤 D-1' 출시(1959) → 관악기 생산(1965) → 음악재단 설립(1966) → CD레코더 출시(1988) → 음악 엔터테인먼트 지주회사 설립(2007) → 음악전용 복합시설 건립(2010)으로 이어진다.

이 과정에서 두드러진 성과도 냈다. 음원연구, 전자오르간, CD 레코더 등은 세계 최초로 설립하거나 개발한 것이다. 특히 신시사이저(synthesizer), 즉 '임의로 음색을 만들어 낼 수 있는 음악합성 기능'을 가진 일렉트릭 키보드는 전 세계에 20만 대 이상이 팔릴 정도로 당대 최고의 히트상품이기도 했다. 처음에는 오르간으로 시작했지만 지금은 거의 모든 악기와 오디오, 애플리케이션에 이르기까지 '음악의 모든 것'이 야마하에 있다.

야마하처럼 특정 표적시장을 대상으로 하는 모델이 수직시장 (Vertical Market) 비즈니스모델이다. 즉, 뮤지션(musician)과 같은 특정 분야 소비자를 정조준 한 제품이나 동일한 욕구를 가진 대상 집단을 표적으로 한다는 의미다. 특정 제품에 대한 수요가 커지거나 고급화될수록 매출은 동반하기 때문에 수직시장 기반 사업모델이 유리한 경우가 많다. 특히 수직시장 고객은 높은 수준의 소비력을 갖고 있는데다 갈수록 신뢰가 더해져 빠른 구전효과와 높은 마진을 담보할 수 있다.

굴삭기에 장착해 암반을 분쇄하는 데 사용되는 유압브레이커 제조업체 '동인중공업'(최성진 대표)을 보자. 선도기업인 핀란드의 래머(Rammer)사를 미러링(Mirroring)해 1997년 창업한 건설 중장비 업체. 이 회사 홈페이지(www.msb.co.kr)에 들어가면 다른 기업과의 차별성이 한 눈에 들어온다. 메인 화면에 올라온 제품은 유압브레이커 딱 한 가지인데다 영어로만 설명돼 있다. 생산 품목은 유압브레이커이며 해외시장을 대상시장으로 특정하고 있음을 바로 알 수 있다. 즉, 제품 공정과 지리적 차별화를 통한 수직시장 모델이다.

사각 또는 원형 소재로 만드는 가공품, 철판을 용접해 만드는 제관품을 조립하면 완제품이 만들어지게 되는데, 대부분의 동종 업체가 가공·용접을 외주처리 하고 내부적으로는 조립공정만으로 생산하고 있다. 그러나 동인중공업은 가공·용접라인을 인수하거나 자체적으로 구축해 품질을 균등화하고 납기 컨트롤을 원활하게 했다. 그 결과 해외 60여 개국에 딜러들과 서로 경조사를 챙길 만큼 돈독한 신뢰를 구축했다. 최근에는 미국의 캐터필라(Caterpillar)에서 브레이커 생산을 먼저 제안 받을 만큼 세계적인 경쟁력을 갖췄다. 캐터필라(Caterpillar)는 전 세계 건설중장비기업

중 가장 큰 규모이며 〈포춘〉(Fortune)이 선정한 미국 100대 기업 중 하나다.

언급한 두 사례와 같은 수직시장 비즈니스모델은 표적시장 (Target Market)을 제품 특성에 따라 다음의 사항을 참고해 설계해야 함을 알 수 있다. 지리적(Geographic), 인구통계학적(Demographic), 마케팅심리통계(Psychographics), 행동방식(Behavioural) 등을 통한 시장분할이 그것이다.

다시 야마하의 업력(業歷)을 되짚어 보자. 오르간으로 시작한 동사는 1988년, 미국의 신시사이저 전문기업인 '시퀀셜 서킷츠 (Sequential Circuits Inc.)', 일본의 경쟁사 코르그(Korg) 인수를 시작으로 2004년에는 독일의 오디오 소프트웨어 제조사 스타인버그 (Steinberg), 프랑스 음향기기 전문회사 넥소사(NEXO SA)를 인수했다. 특히 인수업체 가운데는 오스트리아의 피아노 제조업체 '뵈젠도르퍼(Bösendorfer)'도 있는데 1828년 설립된 동사의 선도기업이기도 하다.

여기에서 수직시장 모델의 안전성장에 대한 힌트를 얻을 수 있다. 세계 최장수 기업이었던 일본의 문화재 복원기업 '콘고구미'가 창업한 지 1,428년만인 2006년에 중견 건설업체인 타카마츠 건설에 매각된 사례에서 보듯이 기업이 장수하려면 수직통합(vertical integration)이 필요하다는 점이다. 산업의 전형적인 공급망은 재료 → 중간 제조 → 조립 → 유통 → 고객의 5단계로 구성된다. 수직 통합을 하기 위해서는 공급 체인을 묶을 필요가 있다. 묶는 방법은 '역통합(backward integration)'과 '순방향(forward integration) 통합'

이 있다. '역통합'은 일반적으로 제조업체가 원자재 공급업체를 소유하기 위해 실행한다. 예컨대, 타이어 제조업체가 자사의 고무 공급 업체 중 하나와 통합하는 것이다. 반면, '순방향통합'은 공급사슬에서 중개자를 제거하고 최종 소비자와 더 가까이 가려고 할 때 이롭다. 타이어 제조업체가 자동차 판매점에 직접 공급하기 위해 소매기업 체인을 인수하는 경우 등이 이에 해당한다.

수직시장 모델은 비단 대자본이나 제조업에만 국한되는 모델이 아니다. 인접상품을 개발하거나 인수합병을 통해 경쟁력을 키운 경우도 많다. 미용서비스 프랜차이즈인 '블루클럽'은 이·미용제품 개발로 인접시장을 공략해 성공했고, 어린이 교육 프랜차이즈인 '짐보리(박기영 대표)'는 교구개발을 통해 파이를 키워 미국 본사를 인수하는 기염을 토했다.

수직시장 비즈니스모델은 여러 장점이 있다. 수평시장(horizontal integration) 선도기업에 의해 거래제휴나 투자 등 '러브콜'을 받을 가능성이 높고, M&A를 통해 파이를 키울 수도 있다. 이러한 과정을 통해 노하우를 축적하고 고객을 흡수할 수 있다는 점, 그리고 트랜잭션(transaction) 비용절감과 시장통제 등을 통해 수익률을 20~30% 높게 잡을 수 있다는 점 등이다.

II
빅테크시대
유망한
플랫폼 비즈니스모델

시간차공격

Delayed Spiking

"많은 사람이 운전은 앞을 볼 수 있는 이들에게만 국한된 활동이라고 믿었습니다. 앞을 못 보는 사람이 독립적이고 안전하게 운전하는 것은 불가능한 일이라고 생각했기 때문입니다. 지금까지는 말이죠. 저희는 시각장애인을 위한 자동차를 만들어 그분들에게 자유와 독립을 드리고자 합니다." 버지니아 공과대학 로봇연구소(RoMeLa) 설립자인 데니스 홍(Dennis Hong)이 2011년 테드(TED)에서 한 명연설의 도입부다.

1990년부터 오바마, 빌 게이츠, 스티븐 호킹 등 세계적인 유명 인사들이 연사로 거쳐 간 테드(TED)였지만 한국인으로서 첫 주자가 된 데니스 홍 덕분에 국내에도 알려지게 된다. 그러나 그보다 더 흥미를 끈 점은 대부분의 연설시간이 18분 이내라는 점이었다. 45분 수업에 익숙한 우리에게 18분의 짧은 시간에 강의를 한다는 것 자체가 관심을 갖기에 충분했다.

TED는 왜 연설시간을 18분으로 제한했을까? 과학자들은 청중이 딴짓하기(turn out) 전에 얼마나 오래 주목할 수 있는지 분석한 결과 그 범위가 10~18분인 것으로 나타났기 때문이다. TED의

큐레이터는 "18분은 업무 중 잠시 쉬는 커피브레이크 시간과 비슷하며 진지하게 들을 수 있는 온라인에 최적화된 시간이다"라고 설명하고 있다.

이를 뒷받침하듯 〈CNN〉 앵커 출신 커뮤니케이션 전문가 카민 갤로(Carmine Gallo)는 18분을 골디락스 존(Goldilocks Zone)이라 명명하고 집중하기에 가장 적당한 시간이라고 규정했다. 뇌 과학자들도 일정시간을 넘기면 청중에게 인지밀림현상(cognitive backlog)을 유발해 적정시간이 경과하면 앞서 들었던 정보를 밀어낸다고 보고하고 있다.

그런데 이러한 논리를 비웃듯 강적이 나타났다. 바로 쇼트클립 플랫폼 '틱톡(Tiktok)'이다. 이 플랫폼에는 간결하고 임팩트있는 콘텐츠를 올릴 수 있는데 제한시간은 단 15초. 2016년 9월, 중국 바이트댄스(Bytedance)사가 론칭(launching)한 틱톡은 2019년 1월 기준으로 중국 내 하루 이용자수는 3억 명을 돌파했고, 우리나라와 일본에서도 이용자 수가 기하급수적으로 늘고 있다.

그렇다면 틱톡은 왜 15초를 채택했을까? 그것은 브랜딩 및 공지의 경우 15초 이하의 짧은 동영상이 가장 효과적이라고 보았기 때문이다. 이 정도 시간은 숨을 멈추고 끝까지 볼 수 있는 정도여서 대중들이 정보를 받아들이는데 부담이 없다는 것이다. 틱톡은 인공지능(AI)을 이용해 콘텐츠와의 상호작용을 통해 이용자의 관심과 선호도를 분석, 개인화된 콘텐츠 피드를 표시해 준다, 이 때문에 대상 시장이 청소년에서 여성, 중장년으로 점차 넓어지고 있다.

사실 유튜브도 2005년 4월, 론칭 당시에는 18초짜리 동영상으로 시작했다. 유튜브 설립자 자웨드 카림(Jawed Karim)은 자신이 동물원에서 찍은 18초짜리 짧은 동영상을 처음 올렸는데 "제가 지금 코끼리를 보고 있는데 정말 길고 멋진 코를 가지고 있네요. 이상"이라는 다소 싱거운 내용이다. 이후 이용자들의 피드백을 흡수해 오늘의 영상플랫폼 넘버원 유튜브로 우뚝 섰다.

이처럼 최근 '시간차공격 모델'이 비즈니스모델의 한 축으로 편입되고 있다. 우리나라에서도 시간차 공격모델이 다양하게 나타나고 있다. 선봉에 선 비즈니스모델은 2015년에 설립된 쇼트폼 동영상'(Short-Form Video) 스타트업인 '72초'다. 일상에서 느끼는 사소한 이야기를 비틀어 감칠맛 나게 스토리텔링해 제작한다. '72초'의 핵심 수익모델은 브랜디드 콘텐츠(Branded Contents)다. 인포머셜(Informercial)이 정보를 담은 광고라면 브랜디드 콘텐츠는 홍보를 담은 콘텐츠다.

그렇다면 '72초'는 어떤 아이디어에서 출발했을까? 성지환 대표의 공식멘트는 짧은 시간을 표현하는 숫자 중에서 72초가 가장 입에 잘 붙기 때문이라고 했다. 하지만 사석에서는 "젊은이들이 똥 누는 시간이 대략 그 정도여서"라고 했다. 주요 타깃을 청소년으로 특정했기 때문일 것이다. 지금은 드라마, 뮤직비디오를 넘어 72초 포맷을 해외에 수출하는 기염을 토하고 있다.

이처럼 시간을 기반으로 한 다양한 시간차 공격모델의 앵커링 효과(Anchoring effect)로 이제는 여러 분야에서 시도되고 있다. 서강대 철학과 최진석 교수와 조용헌 칼럼리스트 등 저명인사들의 사상을 배울 수 있는 '300초 인문학'도 그렇고, 가수들의 앨범 홍보를 위한 티저(Teaser) 영상도 대부분 18초로 소개되고 있다.

45분 → 18분 → 300초 → 18초로 계속 짧아지고 있는 시간차 공격모델은 얼마나 더 짧아질까? 영국의 한 보험사의 조사에서 현대인이 한 가지 일에 집중할 수 있는 시간은 5분 7초에 불과하다고 했고, 〈신세대 특성과 라이프스타일 연구〉(박혜숙) 논문에서는 평균 집중시간을 8초로 규정했다.

2020년, Z세대가 미국 내수 소비의 40%를 차지할 것이라는 전망도 나왔다. 익히 알려진 바, Z세대는 90년대 중반에서 2000년대 초반에 걸쳐 출생한 세대를 일컫는다. 이들은 처음부터 휴대폰을 품고 태어난 세대여서 시청각적 자극에 익숙하다. 디지털 소비의 주축이 될 이들이 인내할 수 있는 시간은 단 8초. 이미지 한두 장에 기껏해야 다섯 단어 내외다.

유튜브에서 '우리 강아지가 방귀에 반응하네?'는 불과 4초짜리 쇼트클립이지만 665만 클릭을, '개가 달려가다 벽에 부딪히는 영상'은 단 3초 영상이지만 600만 회를 찍었다. 그런가 하면 어린이가 강아지에 끌려 넘어지는 장면을 찍은 3초 영상 '가! 으아아악!(Go! Bwaaah!)'도 735만 번이나 봤다.

플래시와 같은 시각적 자극의 경우 약 0.1초가 필요하고 청각 자극의 경우에는 0.01초에서 0.02초 정도 걸린다고 하니 5G시대를 맞아 더욱 짧은 콘텐츠들이 나올 수도 있을 것 같다.

크라우드소싱

Crowd Sourcing

몇 해 전, 싱가포르에서 열린 미북정상회담을 사흘 앞두고 다수의 언론이 중국 항공기가 평양에서 출발해 창이국제공항에 착륙했다고 보도했다. 그 비행기는 북한 측 선발대가 타고 있으며 김정은의 안전을 위한 시범비행 성격이 짙다고 예측했고 나중에 사실로 확인되었다. 이런 정확한 실시간 정보는 어디서 나온 것일까?

그 정보의 발원지는 주변국 정보기관이 아닌 '플라이트레이더24(Flightradar24)'라는 비행정보 플랫폼이다. 2006년, 스웨덴의 항공덕후(御宅) 두 명이 개설한 이 사이트의 비행 정보는 각국에 포진한 '항덕후'들을 통해 실시간으로 수집된다. ADS-B 수신기를 보유한 항덕후들이 인근 상공의 항공기로부터 항법 데이터를 직접받아 플라이트레이더24에 제공하는 구조인데 우리나라에도 50여 명이 참여하고 있다.

언급한 플라이트레이터24 같은 비즈니스모델은 대중에게 문제를 제시하고, 문제 해결에 도움이 되는 공헌을 공개적으로 요청해 완성도를 높여가는 이른바 크라우드소싱(crowd sourcing) 기반 모델이다. '대중의 대중에 의한 대중을 위한' 이 모델은 이타적 노동성이 강해 과거에는 주로 정부나 비영리기관에서 채용했다. 2001년, 미 항공우주국(NASA)이 자발적 참여자 클릭워커스(ClickWorkers)를 활용해 우주실험 프로젝트를 완성했고, 유럽의 일부 일간지가 시민들을 대상으로 공매도와 탈세에 대한 조사를 크라우드소싱으로 해결한 사례가 있다.

하지만 근래에는 민간기업에서 혁신모델로 채택하고 있는 사례가 많다. 2001년 잭 휴즈(Jack Hughes)가 설립한 미국의 '탑코더(Topcoder)'가 대표적이다. 초기에는 기업의 기술문제 해결을 위한 프로그래밍 경진대회를 토너먼트식으로 개최해 우승팀에게는 제안사가 리워드(reward)하는 구조였다. 그러나 지금은 기업의 소프트웨어 개발을 의뢰받아 단기간에 고도화해 주는 'IT팩토리'로 발전했다.

참여자는 전 세계적으로 경쟁력 있는 프로그래머나 디자이너뿐 아니라 데이터 과학자, 생물학자에 이르기까지 130만 명이 넘는다. 이들이 문제 해결을 도운 고객으로는 하버드 메디컬스쿨, 런던 비즈니스스쿨 등도 있으며 최근에는 생물학(Biology) 과제에서 BLAST(DNA 염기배열을 비교하기 위한 논리체계)보다 정확하고 1,000배 빠른 알고리즘을 개발해 관련학계를 놀라게 했다.

기업이 직접 크라우드소싱 플랫폼을 만들어 활용하는 사례도 늘고 있다. 일본의 비디오게임회사 닌텐도(任天堂)는 아날로그 시대에 오타쿠(御宅)들에게 아이디어를 받아 히트 게임기를 만들기도 했다.

인터넷 플랫폼 기반으로는 레고(LEGO)와 P&G의 사례가 단연 돈보인다. 덴마크의 장난감기업 레고는 2007년 론칭한 '레고 아이디어스(LEGO Ideas)' 플랫폼을 통해 아이디어를 수집하고, 이용자 투표와 심사를 거쳐 상용화로 이어간다. 채택된 아이디어 제안자에게는 매출액의 1%를 리워드로 제공한다. 최근 판매를 개시한 접어서 펼치면 블록으로 만들어지는 팝업북(Pop-up book)도 1만 명의 채택을 받아 상품화했다. 미국 다국적 소비재기업인 P&G도 크라우드소싱 플랫폼 C&D(Connect and Development)를 통해 신제품의 채용 비율을 35%까지 늘렸고, R&D 생산성은 60%까지 끌어 올렸다.

이처럼 연구소나 기업은 인력채용으로 인한 장기간의 고정비용을 들이지 않고도 기술이나 신제품 아이디어 문제를 해결하는 방법으로 크라우드소싱을 이용하고 있다. 반면에 참여자들은 시간과 공간의 구애를 받지 않고도 협업을 통해 자신의 가치와 기술 숙련도를 높여가는 효과를 얻고 있다.

캐나다에서 2000년에 설립된 아이스톡(iStock). 이 회사는 수백만 개의 사진, 삽화, 클립 아트, 비디오·오디오 트랙을 사고팔 수 있는 사이트다. 구하기 힘든 사진이나 영상을 여기에서 구할 수 있다. 이 역시 다양한 분야의 예술가들이 자신의 작품을 올려놓고 필요한 기업이나 개인에게 보상을 받을 수 있는 일종의 오픈마켓이다. 매달 50만 개 이상 업로드되는 저작권이 있는 작품을 0.22달러에서 10달러면 구매해 사용할 수 있다.

크라우드소싱의 진수를 보여주는 사례로 인릭스(INRIX)를 들 수 있다. 이 회사의 사명(Mission)인 '전 세계 교통문제에 대한 솔루션을 제공하는 것'에서 보듯이 참여자의 차량을 통해 GPS 데이터, 기간별 교통 데이터, 주차 정보, 사고 정보 등 다양한 정보를 수집해 마이닝(Mining)한 뒤 필요한 고객에게 재판매하는 기업이다. 단편적이긴 하지만 우리나라 교통방송의 교통통신원을 연상하면 된다.

65개국 3억 대 이상의 차량 및 장치에서 교통에 미치는 변수 데이터를 수집해 인접 데이터와의 조합을 통해 산출된 솔루션을 제공하는 방식이다. 대상시장은 실로 다양하다. 교통 병목 현상을 분석해 향후 도시의 구조변화와 확장방향을 필요로 하는 정부기관, 자율주행차를 생산하는 기업은 물론이고 소매, 부동산, 보험사 등 다양한 기업에 데이터를 서비스형 소프트웨어(Saas) 혹은 서비스형 데스크톱(DaaS) 방식으로 제공하고 있다. LA 운전자들은 매년 평균 102시간 이상을 길에서 낭비하고 교통정체로 인한 직·간접 손실도 연간 192억 달러에 달한다는 통계도 여기에서 나왔다. 인릭스를 미러링(mirroring)한 기업으로는 한국의 블루시그널이 있다.

크라우드소싱 모델은 원시자료의 수와 참여자 아이디어의 질이 클라이언트의 니즈를 충족시켜줄 수만 있다면 그 어떤 비즈니스 모델보다 강력한 미래형 혁신모델이 될 것이다. 크라우드소서들이 공급자이자 소비자가 될 수도 있고, 재가공을 통해 다양한 수익모델을 만들어낼 수도 있기 때문이다.

공동창작

Co-Creation

국내 최초 웹(web) 기반 포털사이트는 삼성SDS가 1996년 론칭(launching)한 유니텔(Unitel)이다. 1997년에 개봉한 영화 〈접속〉에서 한석규와 전도연이 소통하던 장면이 바로 이 유니텔 채팅방이다. 1년 뒤, SK텔레콤은 PC통신과 인터넷 서비스를 통합한 웹 기반 포털사이트 넷츠고(Netsgo)를 오픈한다. 다음(Daum)이 한메일(hanmail)이라는 웹메일 무료서비스를 시작한 시기와 같다. 그때가 1997년 6월이다.

이렇게 PC통신에서 월드와이드웹으로 패러다임이 넘어가던 시절, 오픈을 앞두고 있던 넷츠고 대표로부터 연락이 왔다. 기존 PC통신이나 경쟁업체와 차별화할 수 있는 킬러 콘텐츠로 '소비자들의 구매 후기'를 데이터베이스로 만들고 싶은데 타당성이 있겠느냐는 의견이었다.

비즈니스모델을 부연설명 하자면 이렇다. ①소비자들의 구매 후기와 혁신 아이디어를 수집한다. ②상품 카테고리별로 구분해 DB화 한다. ③분류된 평판 DB를 쇼핑몰에 B2B로 제공한다. 지금의 PaaS(Platform as a Service)모델 형태다. ④수수료의 일부는 소비자에게 보상한다.

당시 유통업체들은 고객의 불만을 활용하기보다 기피하는 경향이 강한 때라 쉽게 생각하기 어려운 획기적 발상이어서 일단 긍정적으로 검토했다. 하지만 두 가지 점에서 문제가 생겼다. 하나는 어떤 방법으로 구매 후기를 수집하느냐는 점이고, 다른 하나는 "과연 쇼핑몰 업체에서 상품에 대한 부정적인 후기까지 소화할 수 있겠느냐"는 우려가 나왔다. 장시간 회의 끝에 결국 드롭(drop)하고 말았다.

7년 후, 덴마크의 브릭(brick)제품 제조업체 레고(LEGO)는 주도형 소비자(Lead customer)들의 의견을 반영하기 위해 레고아이디어스(LEGO Ideas) 플랫폼을 연다. 특정 제품에 대한 풍부한 사용자 경험을 크라우드 소싱(crowd sourcing)해 대상 제품에 대한 업그레이드 아이디어를 얻기 위한 전략이다. 그 결과 고객주도의 혁신(outside innovation)기업으로 각인됐다.

이렇듯 고객의 니즈(Needs)와 가치를 수용해 이를 제품생산과 서비스에 반영하는 공동창작(customer co-creation)모델이 빠르게 확산되고 있다. 고객이 단순히 소비자 역할에 머무르지 않고 기업과 동등한 위치에서 가치창출 과정에 관여하려는 욕구가 커진 탓이다. 기업 입장에서는 이를 통해 고객의 충성도를 높이고, 바이럴(viral)효과까지 덤으로 얻을 수 있어서다.

35개국에 진출한 스웨덴의 가구·생활용품 제조업체 이케아(IKEA)는 고객과의 소통을 위해 2018년 공동창작(Co-Creat IKEA) 사이트를 열었다. 동사는 이 사이트를 통해 고객에게 제품 아이디어 제안을 받고, 제품 개발을 대학생들과 공동 작업으로 진행하기도 한다.

공구 브랜드인 미국의 '디월트(DeWalt)'도 고객이 제품에 대한 아이디어를 제안할 수 있도록 인사이트 커뮤니티(Insight Community)를 운영한다. 현재 9,000여 명의 딜러와 5,000여 명의 개인사용자가 참여해 '시장의 소리'를 전하고 있다. 그 결과, 이 회사는 약 600만 달러의 연구비용을 절약할 수 있었다.

음료 부문에서 40%의 시장을 점유하고 있는 코카콜라. 2018년부터 전 세계 매출이 310억 달러에 달하지만 동일한 제품으로는 한계가 있음을 느끼고 고객과의 공동창작 실험을 진행하고 있다. 특히 동남아를 목표시장으로 두고 전통적인 콜라 음료에 대한 고객들의 의견청취에 힘을 쏟고 있다.

이를 위해 동남아 국가의 상당수 가게에 의뢰해 젊은이들의 음료 취향은 어떻게 변하고 있는지, 이들이 어떤 디자인을 선호하는지 등에 대한 인사이트를 얻는다. 이를 통해 대상 국가에 대해서는 현지화 전략으로 파고들 계획이다. 동남아는 평균 연령이 27~28세에 불과한 청년국가여서 이들의 반응은 절대적 힘을 갖는다.

삼성전자는 2016년 초, 뉴욕 맨해튼에 고객 체험을 강조한 디지털 놀이터 '삼성837'을 오픈했다. 신상품 '갤럭시 폴드'와 '갤럭시 노트10 플러스', '갤럭시 워치액티브', 'IoT기능의 가전' 등을 전시했고, 접히는 디스플레이, 멀티태스킹 기능을 체험할 수 있게 했다.

공동창작을 넘어 진일보한 비즈니스모델에 대한 영감을 주는 오프라인 플랫폼이 있다. 국내 기업으로 2018년, 인도네시아에 진출한 MR체험센터 '코비(KOVEE/대표 박정훈)'가 좋은 예다. 자카르타와 발리 등에 4개의 체험센터를 운영 중인 동사는 VR·AR관련 콘텐츠 개발업체들에 공간을 제공하고 수수료를 받는 플랫폼으로 각광받고 있다. 체험센터가 관련 기업의 리서치센터로 활용되고 있는 것이다.

인도네시아 스타트업들은 VR 콘텐츠를 개발하고도 고객들의 반응을 미리 알아볼 수 있는 곳이 없다 보니 이곳에 일정기간 공간을 임대해 이용자 평가를 받아보려는 것이다. 단기임대로 통상 룸 하나당 월 3,000만 원을 받는다. '코비'는 그 대가로 임차한 고객사에 무료 이용자들이 작성한 데이터를 제공하면 된다.

이처럼 글로벌기업들이 다양한 방법으로 고객과의 소통사이트를 전향적으로 운영하고 있다. 당연한 얘기지만 비즈니스모델이나 상품 설계의 첫 단계가 바로 '페르소나', 즉 대상 고객의 세분화다. 따라서 이들의 이용후기와 반응은 사업 성패에 결정적인 영향을 미치기 때문이다. 그렇다면 고객과의 공동창작이 효과를 거두기 위해서는 어떻게 설계해야 할까?

첫째, 고객이 제안한 정보에 대한 왜곡 없이 절차를 투명하게 해 신뢰를 유지해야 한다. 자동차 메이커 BMW가 고객이 제안한 아이디어에 대해 그 진행과정과 보상을 명확하게 설명해 참여자와의 신뢰를 구축하고 있는 것이 좋은 예다.

둘째, 새로운 제품 개발보다 현 제품에 대한 업그레이드에 초점을 맞춰야 한다. DHL은 혁신센터를 통해 고객 의견을 수렴해 기존의 배송시스템을 업그레이드했다. 그 결과 배송시간을 줄이고 비용을 줄이는 효과를 가져왔다.

셋째, 참여자들에게 인센티브를 제공하는 것이 필요하다. 심지어 컴플레인으로 얻어진 아이디어라도 그에 대한 보상을 해 주면 충성고객으로 전환됨은 물론 다양한 의견 제안자들을 끌어들일 수 있다. 일본 게임업체 닌텐도가 성장한 배경에는 고객이 제공한 아이디어가 상품화되면 그로 인한 수익 중 최고 6%까지 인센티브를 제공한 덕분이다.

일방형 시대는 지났다. 쌍방향 커뮤니케이션도 너무 늦다. 이제 기업은 비포마켓팅(before marketing)을 통해 고객과 공동체의식으로 접근해야 하는 시대다. 그 선두에 공동창작(co-creation) 모델이 있다.

온라인여행

Online Travel

선진국으로 갈수록 가장 관심 있는 키워드로 건강과 음식, 그리고 여행을 꼽는다. 그중에서도 여행은 가장 선호하는 릴렉스 상품이다. 우리나라도 코로나19 전 해외여행을 목적으로 출국한 사람이 연간 2,600만 명을 돌파했다. 인구의 절반 이상이 해마다 해외여행을 가는 유일한 나라다.

자주 가는 사람이 아니면 준비과정이 그리 쉽지는 않다. 일정과 예산에 맞는 항공권과 호텔을 찾으려면 수십 개 사이트를 열어봐야 하고, 선택한 항공권과 호텔이 합리적인 가격인지 판단하기도 어렵다. 이렇게 여행하면서 겪게 되는 여러 문제점을 해결해 보려는 국내 스타트업이 최근 많이 생겨났다.

대표적인 온라인 여행 에이전시(Online Travel Agency)는 프라이스라인(Priceline)을 품은 부킹홀딩스(booking holdings)다. 시가총액은 나스닥 기준으로 120조 원에 달한다. 뒤이어 씨트립(Ctrip)이 30조 원, 익스피디아(expedia)가 20조 원에 이를 정도로 경이적인 성장을 계속하고 있다.

이러한 선도 OTA를 미러링한 한국발 여행 스타트업이 추격을 시작했다. 익스피디아에서 근무한 경험을 바탕으로 '서울창업허브(seoulstartuphub.com)'에 둥지를 튼 트립비토즈(tripbtoz.com)의 정지하 대표가 주인공이다. 정 대표는 선도기업이 미처 해결하지 못한 몇 가지 문제를 해결하려고 나선 케이스다. 그 하나는 호텔을 예약했는데 막상 현지에 가보니까 다른 사람은 더 싸게 예약한 경우다. 문제는 차액에 대한 불만인데 이에 대한 해결 방안으로 차액만큼 보상해 주는 서비스로 만족도를 높였다.

다른 하나는 현지에서 예상치 못한 문제에 부딪혔을 때를 대비해 실시간 상담이 가능한 챗봇(Chatbot)으로 모델링을 했다. 메신저 라인(Line)을 통해 여행객 성향에 기반한 지역 추천과 호텔 추천을 서비스하는 기능도 탑재했다. 여기에다 해외출장이 잦은 직장인들을 위해 귀국 후, 비용정산이나 보고서 등을 제출해야 한다는 점에 착안해 이를 간단하게 정리할 수 있는 도구(Tool) 서비스도 추가했다.

해외여행 중 누군가를 만나고 싶은 생각이 들 때가 있다. 특히 나홀로 여행일 때는 밤이 되면 분위기 좋은 찻집에서 공감해 줄 사람들과 얘기하고 싶은 마음이 생기기 마련인데, 이럴 때 해결해 주는 스타트업도 있다. 'PEACA'라는 회사인데 서울창업허브에서 공간과 일부 시드머니를 지원받아 창업했다.

이 사업모델은 미국에 두 개의 선도기업이 있다. 카우치서핑(couchsurfing.com)과 '한 번 만날래'(meetup.com)란 회사다. 숙박은 물론 동행 안내까지 받을 수 있는 비영리 커뮤니티인 카우치서핑은 보스턴의 케이지펜튼이라는 사람이 아이슬랜드로 여행을 가기 전, 좀 더 싼 여행을 하기 위해 1,500명의 아이슬랜드대 학생에게 재위줄 수 있냐는 메일을 보내 50여 통의 답장을 받게 되면서 시작됐다.

이 커뮤니티는 단순히 적은 돈으로 여행을 할 수 있도록 무료로 편의를 제공하고 있지만 국제적 의사소통에 더 큰 가치를 둔다. 이러한 가치에 동의한 카우치서핑 회원은 세계 6만4,000여 개 도시에 180만 명이 넘는다. 따라서 단순히 팝미팅(pop meeting)을 주선해 주는 차원을 넘어 이국 문화를 경험하고 네트워크를 형성해 가는 서비스로 모델링하면 더 강력한 사업모델이 되지 않을까 싶다.

비웰컴(BeWelcome)도 눈여겨볼 만하다. 숙소를 오픈하고 다른 사람을 도우며 문화를 공유하는 문화여행 네트워크다. 집에 머물면서 그 지역 축제에 함께 참여하기도 하고 이웃의 어려움을 같이 도와주는, 예컨대 거리를 청소해 준다거나 집 짓는 일을 거들어 주는 식이다. 이러한 비즈니스모델은 다문화의 이해와 협력, 네트워크 등을 배우고 동행할 수 있어 비영리법인이나 협동조합 혹은 소셜벤처 모델로도 손색이 없다. 수익원은 회비나 참가비, 간접 수혜를 얻게 될 제3자 수익모델 등이 있다.

언급한 스타트업들이 마켓플레이스 기반 모델이라면 이동성(mobility)을 기반으로 하는 비즈니스모델도 많다. 대표적인 모델이 우버(Uber)지만 단순히 자동차를 빌려주는 차원을 넘어 이제는 다양한 특화모델들이 속속 등장하고 있다.

'블라블라카(BlaBlaCar)'와 플릭스버스(flixbus)가 대표주자인데 여행 목적지가 같은 운전자와 탑승자를 연결해주는 차량 공유 서비스다. 블라블라카가 인접도시 중심의 중·소형차 서비스라면 메가버스(Megabus)를 합병한 플릭스버스는 장거리 중심 대형버스를 위주로 운행한다는 점이 다르다.

필자도 지난해 북유럽 여행 중에 프라하에서 할슈타트로 넘어가면서 이용한 경험이 있는데, 기차요금보다 훨씬 싼 것도 만족스러웠지만 픽업부터 도착지까지 친절하게 안내해 주는 데다 동승자끼리 네트워킹할 기회까지 얻었다는 점에서 대단히 유익했다.

이들 두 업체 모두 기차요금 대비 50% 이상 싸다는 점이 장점이다. 이 모델은 현재로선 국내 여행지가 제한적이어서 쉽게 론칭(launching)하기에는 어려울 수 있다. 먼 얘기일수 있지만 한반도 종단철도(TKR)나 제주도와 해저터널이 뚫리면 날개를 달 수도 있을 것이다.

인력 매칭

Manpower Matching

인력매칭 플랫폼의 최강자 링크드인(Linkedin). 미국의 구인구직 플랫폼으로 2020년 4월 현재 210개 국가에서 6억5,000만 회원을 보유하고 있다. 이 회사는 2002년에 설립해 2년 만에 100만 이용자를 확보해 첫 번째 허들을 넘었다. 이어 창업 4년 만인 2006년 3월에 두 번째 허들인 손익분기점 넘어섰고, 1년 뒤에는 이용자 수가 1,000만으로 불어났다. 2008년 2월 모바일 버전 서비스 시작해 2011년 드디어 기업공개에 이른다.

사실 플랫폼의 기능면에서는 '링크드인'과 국내 종합취업포털 간에 큰 차이는 없다. 하지만 링크드인은 매칭서비스에 신뢰를 더했다. '게이티드 액세스 접근법(gated-access approach)'이 그것이다. 취업이 용이하도록 이용자의 경력에 지인들이 추천해 주는 기능이다. 여기에 SNS 기능을 추가함으로써 한번 작성한 후 변경이 어려웠던 이력을 실시간 스스로 업데이트할 수 있도록 했고 경력관리나 기업정보 등을 회원간 공유하도록 한 것이 주효했다.

2018년에는 '탤런트 인사이츠(Talent Insights)' 도구로 고도화했다. 구인업체가 우수인재를 빠르고 쉽게 서치해 원하는 인재를 즉시 접촉하고 고용 절차를 밟도록 간편화한 도구(Tool)다. 이는 HR테크(Human resource Technology)로 빅데이터와 인공지능 등 풍부한 자원과 첨단 기술을 활용해 채용·인재 육성·인사 평가 등의 질을 높여 가려는 방식이다. 여기에다 슬라이드쉐어(SlideShare)와 온라인 교육업체 린다닷컴(lynda.com) 같은 기업들을 인수해 구직자들의 학습 환경을 돕고 있다.

경쟁사이자 이 분야 2위는 2004년 파리에서 설립된 비아데오(Viadeo). 이 플랫폼도 중국의 비즈니스 네트워크인 톈지왕(Tianji.com), 남아메리카에서 인기가 있는 스페인의 아이씨티넷(ICTnet), 인도기반 전문가 네트워크인 아프나서클(ApnaCircle)을 잇따라 인수해 글로벌 플랫폼으로 세력을 확장해 가고 있다.

링크드인이 인력매칭의 범용모델이라면 건설인력을 전문으로 중개하는 우리나라의 '건설워커(www.worker.co.kr)'는 대표적인 특화 모델이다. 창업자는 오토캐드(AutoCAD) 국제공인개발자로 국내 최초 3차원 설계프로그램 '오토아크(AutoARC)' 시리즈를 개발해 유명해진 유종현 대표. 그는 건축사 사무소에 설계프로그램을 납품하면서 설계기사들에게 CAD 교육을 해야 했고, 회사가 요구하면 이들 전문가를 연결해 줘야 했던 경험을 살려 1997년 창업했다.

건설업 고용시장은 프로젝트에 따른 계약직 연구자가 많아 이직이 잦은데다 특히, 일자리 창출 효과가 크다는 사회적 가치에 매료돼 시작했는데 때마침 도입된 온라인 채널 'PC통신'이 양면 시장을 이어준 덕분에 급성장하게 된다. 시공순위 100위권 건설사는 대부분 건설워커 회원사이며 현장계약직과 프로젝트 계약직 구인업체들이 대부분 건설워커 플랫폼을 통해 인재를 뽑고 있다. 특히 건설업체 특성상 입찰정보가 필요한 만큼 이런 전문 콘텐츠도 제공해 기업회원 유인효과를 높였다. 뿐만 아니라 인쿠르트, 잡코리아, 사람인 등 기존 인력중개업체들조차 채용공고 게재를 의뢰하고 있어서 수익원이 갈수록 확대되는 추세다.

PC통신 시절 수익모델은 기업 신용정보, 연봉 정보, 면접 후기, 기업 인기순위, 시공순위, 이력서 컨설팅, 이력서 노출 서비스 등을 유료로 제공하면서 수수료를 받았다. 하지만 웹서비스로 전환하면서 개인에게 콘텐츠는 무료로 개방하는 대신 기업 광고료와 헤드헌팅, 채용 대행 수수료 등이 주 수익원으로 바뀌었다.

전술한 두 사례는 플랫폼을 사이에 두고 수평적 권리를 가진 공급자와 소비자 그룹 간 상호협상 방식으로 가치를 공유하는 시장 즉, 양면시장(Two Sided Market) 플랫폼이다. 이전에도 신용카드, 오픈마켓 등 양면시장이 존재했지만 옴니채널(omni-channel)과 IT기술의 진전, 인공지능, 핀테크, 그리고 클라우드 컴퓨팅 등 양쪽 이용자를 연결해 줄 제반 환경이 고도화된 덕분에 더욱 파이가 커진 모델이기도 하다.

양면시장의 진화된 또다른 모델은 찾아가는 아기돌봄 서비스 '째깍악어'(대표: 김희정)가 돋보인다. 전문자격을 가진 보육선생님과 육아부모를 연결해 주는 시간제 돌봄서비스 플랫폼이다. 보육교사는 자격검증 → 영상 프로필 공개 → 보육노트 공개 → 부모 리뷰를 통해 실시간 반응을 확인할 수 있는데 이용부모의 61%가 재요청할 정도로 인기가 높다. 보육료는 교사의 전문성

정도에 따라 시간당 1만4,000~1만8,000원이며 이 가운데 일정 비율의 수수료가 플랫폼사업자의 수익원이다. 시장 규모는 6조 8,000억 원으로 수도권으로만 한정해도 8,300억 원에 이르는 큰 시장이다.

아기돌봄 서비스 선도모델로는 2010년 샌프란시스코에서 '린 퍼킨스(Lynn Perkins)'외 3명이 공동창업 한 '어반시터(UrbanSitter)'가 있다. 미국에서는 5세 미만 중 약 1,100만 명의 어린이가 매주 보육서비스가 필요하고 연인원 3억 명에 이른다. 대상고객은 다르지만 유사모델로는 2011년에 시애틀에서 창업한 애견케어를 전문 플랫폼 '로버(Rover)'도 있다.

이렇듯 양면시장을 연결하는 인력매칭 비즈니스모델이 속속 특화돼 나타나고 있다. 필자도 1982년도에 통·번역사를 기업과 연결해 주는 매칭서비스 '맨파워뱅크'를 창업한 적이 있다. 세무서에 사업자등록을 하러갔다가 해당 종목이 없어 국세청에 질의 결과 "외화벌이니 면세사업자로 등록주겠다"는 답변을 받은 신업종이기도 했다. 오프라인으로 한정된 시장이다 보니 한번 연결해주면 다음부터는 직접 거래하는 문제가 생기는 데다 때마침 88올림픽위원회가 출범하면서 전문인력을 뺏겨 결국 실패한 쓰린 경험이다.

그러나 지금은 4차산업혁명 덕분에 이런 여러 문제가 해결되는 최적의 창업환경을 갖고 있다. 특히, 아직 활성화가 덜된 재능이나 지식중개 서비스모델에서 특화된 서비스를 찾는다면 외국의 선도업체들을 미러링(Mirroring)해 어렵지 않게 창업할 수 있다. 선진 외국과 다소 다른 점은 이들은 글로벌 모델을 추구하고 있지만 우리나라에서는 로컬(local)모델이 대부분이라는 점, 인수합병을 통한 수직통합(vertical integration)등이 이루어지지 않고 있다는 점 등은 아쉽다.

경매

Auction

몇 해 전, 미국에서 19세의 여성 모델이 자신의 처녀성을 경매에 올려 300만 달러에 낙찰 받은 뉴스가 화제에 올랐다. 독일의 경매 사이트인 '신데렐라 에스코트'를 통해서인데 그녀의 처녀성 판매를 두고 여성단체들은 "여성의 가치를 떨어뜨리는 대단히 어리석은 행동이며 남성이 여성을 깔보는 이유를 제공했다"고 비판했다. 그러나 안타깝게도 경매(Auction)의 기원은 여성이 상품으로 등장하면서부터다. 기원전 500년경 아내를 맞으려면 경매를 통해 낙찰 받아야 했다. 1860년대 미국의 남북전쟁 당시에는 '대령(Colonel)'이라 불리는 경매인이 다수 등장한다. 이들은 전쟁에서 얻은 전리품이나 소유했던 총기류 등을 경매로 판매해 군자금으로 활용했다.

경매시스템을 처음 민간시장에 도입한 것은 1744년 런던에 설립된 소더비(Sotheby's)다. 처음에는 희귀품이나 서적 등을 경매에 붙였지만 이후 미술과 골동품 경매로 자리 잡았다. 그 당시 경매는 일상적 이벤트여서 주점이나 커피샵 등에서 흔히 이루어졌다. 이후 경매는 비즈니스에 본격적으로 접목된다. 상업적으로도 효과적인 도구이며 소비자들이 재미있게 참여하면서도 가성비를 충족시켜주었기 때문이다.

경매가 산업화를 견인한 비즈니스모델이 된 것은 웹(web)의 등장과 이베이(eBay)를 창업한 피에르 오미디어 덕분이다. 1995년 프랑스 태생의 이란계 미국인이자 컴퓨터 프로그래머인 피에르 오미디어는 취미로 중고 경매사이트(AuctionWeb)를 개설했다. 최초로 팔려나간 물건들 가운데 하나는 14.83달러짜리 망가진 레이저 포인터도 있었다. 못 쓰는 물건을 팔았다는 죄책감에 입찰자에게 레이저 포인터가 망가진 것을 알고 있었는지 연락했다. 구매자로부터 "저는 망가진 레이저 포인터를 수집하는 사람입니다"라는 이메일을 받고 안도하며 본격적인 사업화의 길로 나서게 된다.

경매 비즈니스모델은 비교적 표준화돼 있다. 구매자들과 자격을 갖춘 공급업체들 간에 온라인으로 실시간 거래하는 단순한 방식이기 때문이다. 플랫폼은 품질이나 수량, 납기 및 거래조건에 대해 사전에 규정된 사양을 갖춘 상품을 공급하는 지원시스템이다. 그렇기 때문에 경매는 거래되는 상품과 관계없이 트랜잭션(transaction)을 동일하게 유지하면서도 비즈니스모델을 고도화할 수 있다.

이베이의 경매 비즈니스모델을 미러링(Mirroring)해 나온 모델로는 2007년 파리에서 창업한 지록(Zilok.com)이 있다. 개인이나 전문가를 위한 렌탈경매 플랫폼으로 모델링해 '가까운 곳에서 싼 가격에 무엇이라도 빌릴 수 있다'는 게 미션이다. 실제로 이곳에서는 조리도구에서 건설장비까지 다양한 제품을 입찰을 통해 빌려 사용할 수 있다.

강사와 학생을 연결해 주는 마인글(Myngle.com)은 교육이라는 서비스상품을 경매시스템으로 연결한 또 다른 사례로 요구에 의한 (On Demand) 매칭 서비스다. 스위모(Sweemo.com)는 표준화된 경매모델을 경험으로 모델링해 거래하는 이색적인 플랫폼이다. 사람들이 특별한 경험이나 '달콤한 순간'을 구입·판매·교환할 수 있게 한 것이다. 일본에서는 디자이너가 만든 상품을 경매하는 플랫폼 (www.mbok.jp)이 젊은 여성들에게 인기몰이를 하고 있다. 이처럼 경매는 제품을 넘어 서비스와 경험까지 다양한 상품으로 모델링돼 활용되고 있다.

우리나라는 신선식품 도매시장이나 화훼시장 등에서 경매 방식이 처음 도입됐고, 프랜차이즈업체의 가맹점 인테리어에 대한 폭리문제가 대두되자 롯데리아가 인테리어 협력업체에 오프라인 역경매 방식을 도입하기도 했다.

그러나 경매가 본질적으로 온라인에 기반한 비즈니스모델임을 감안하면 PC통신 시절 서비스를 시작한 '태인경매'가 시발점이다. 다만 정보 원천(resource)이 정부기관에서 나온 매물이어서 순수 시장모델로는 2001년 이베이에 팔린 웹기반의 옥션(auction)을 효시로 보는 것이 타당하다. 당시 비즈니스모델은 이베이(eBay)를 미러링한 수준이었다. 이후 나타난 모델로는 화폐나 우표등으로 특화한 나라옥션(www.naraauction.com), 도메인을 경매로 사고팔 수 있는 고대디(kr.auctions.godaddy.com), 그리고 봄가을에 와인을 주로 경매하는 아트옥션(auction.artday.co.kr) 등이 있다.

이번에는 경매모델을 채용해 크게 성장한 이업종 모델을 보

자. 온라인여행사의 대표주자인 프라이스라인은 "당신이 원하는 가격을 제시하라(Name Your Own Price)"는 C2B 서비스로 특허를 냈다. 여행자들이 호텔 이름을 모르더라도 희망하는 위치, 호텔 등급 등의 정보를 선택하고 원하는 가격을 제시하면 호텔이나 항공사가 역경매에 참여할 수 있도록 한 것이다. 그밖에도 빠른 거래 (Express Deals), 오늘밤 거래(Tonight Only Deals) 등의 서비스 모델을 추가해 경비를 줄이려는 여행자들을 끌어 들이고 있다. 이러한 전술적 상품을 이용하면 절반 정도의 요금으로 숙박과 항공권을 구할 수 있다.

앞선 사례에서 보듯 상품에 따라 경매방식을 모델링해 다양한 비즈니스모델을 만들 수 있다. 지금까지 활용되고 있는 주요 경매방식을 보면 높은 금액을 제시한 구매자가 낙찰 받는 '영국식 경매', 이와 반대로 판매자가 점차 가격을 낮춰 가면서 구매자가 나타난 시점에서 낙찰되는 '더치 경매', 두 번째로 높은 금액을 제시한 구매자에게 낙찰되는 '세컨드 프라이스 경매(Second price auction)' 그리고 경쟁 입찰 형태인 C2B형 역경매(reverse auction)와 개인간 거래(P2P) 등이 있다. 여기에서 언뜻 이해하기 어려운 '세컨드 프라이스 경매'는 가장 높은 가격에 낙찰받은 사람이 대부분 '내가 써낸 가격이 정말 적절한 가격이었나?'에 회의감을 갖게 되는 이른바 '승자의 저주'에 걸리는 고객이 많아서 대안으로 나온 경매 모델이다.

그렇다면 경매에 기반한 비즈니스모델은 향후 어떻게 진화하게 될까? 미국 스타트업인 린린우즈(LinLinwoods Auction)가 선보인

블록체인 기술을 활용한 경매모델이 활기를 띠게 될 것으로 보인다. 또한, 상품에 따라 VR이나 음성인식 기술을 적용해 실제와 똑같은 상황을 연출해 소비자를 만족시키는 모델링이 활발해질 것이다. 예컨대, 옷을 360도 회전하며 입어보고, 착용감을 느끼며, 냄새를 맡으면서 음성으로 참여하는 형태가 될 것이다.

따라서 지금까지 경매 주력상품으로 등장한 골동품, 자동차, 부동산, 가축, 장비 등을 넘어 가치와 역량, 느낌까지도 경매 비즈니스모델로 출생할 가능성이 높다. 경매는 원칙적으로 수요와 공급 관계에 따라 결정되는 변동 가격이면서도 가격결정의 키는 고객이 쥐고 있는 '고객관계 기반 가격결정법'인데다 재미와 융합한 거래방식인 커머테인먼트(commertainment)모델이어서 소비자들의 참여는 계속 늘어날 것이기 때문이다.

공유경제

Sharing Economy

공유경제란 한번 생산된 제품을 독점 사용하는 상업경제와 다른 개념이다. 제품을 공유해 사용하는 다수 소비로 사회적 관계에 의해 조절되는 '디스오너십(disownership)' 모델이다. 즉, 소유보다 이용에 가치를 두는 소비경제를 뜻한다. 공유경제는 본질적으로는 부(富)의 양극화 해소와 환경보호, 그리고 일자리 창출에 사회적 가치를 두고 있다.

대표적인 선도기업으로 에어비앤비(Airbnb)와 우버(Uber), '디디추싱(滴滴出行)' 등이 거론된다. 이런 비즈니스모델의 블리츠스케일링(Blitzscaling), 즉 기습확장으로 단기간에 성장하는 모습을 본 창업가들이 최근 공유기업에 관심을 갖기 시작했다. 지금까지 모빌리티(Mobility), 공간 서비스 등에 제한적으로 선보이던 공유기업에 새로운 콘텐츠나 재능 등을 더해 도전하는 사례가 늘고 있는 것도 이런 흐름과 맥을 같이한다.

건설 현장이나 인테리어 시공 등에서 쓰다 남은 잉여 자재를 소비자와 연결하는 건자재 플랫폼 기업 '인업'이 대표적이다. 이 회사의 창업자인 김진태 대표는 20여 년간 인테리어 시공을 해 오면서 남은 자재를 버리는 일이 늘 안타까웠다. 폐기물을 처리하는 데 어려움이 따르고 처리 비용도 부담이 되는데다 환경오염을 유발하기 때문이다.

통상 건설·인테리어 공사를 할 때 시공 오차나 파손 등을 감안해 2~5%의 예비 자재를 준비하는데, 가설재나 마감재 등에서 잉여 자재가 필연적으로 발생한다. 이러한 폐자재를 연결함으로써 소비자에게 경제적 이익을 주고, 사회적으로는 환경오염을 예방할 수 있는 것이다. 유사한 모델로는 핀란드의 두랏(Durat)이 있다. 이 회사는 플라스틱 잉여 자재, 혹은 재생 제품만으로 시공하는 대표적인 자원순환 기업이다. 이 회사는 보수가 필요한 경우, 잉여 자재를 사용하면서도 서비스 보증기간을 10~15년 둘 정도로 품질을 자신하고 있다.

부모의 재능공유를 목적으로 교육품앗이 플랫폼에 도전한 '지원지투'(김희정 대표)도 공유기업의 대표적인 모델이다. 학교나 학원과 같은 제도권 교육기관과 다르게 숨어 있는 학부모들의 재능을 필요할 때마다 구조적으로 활용하는 게 이 회사의 취지다. 그동안 진행해 온 주제도 '가윤엄마의 건축이야기', '준희아빠의 치아건강', '혜나엄마의 스피치 훈련' 등이다.

부모는 교육비를 줄이고 수익도 올리는 일석이조의 직접적인 효과도 있지만 경력단절 부모의 묵은 재능을 되살리는 파워업(power-up) 효과를 덤으로 얻을 수 있다. 기혼여성 942만 명 중 경력단절 여성이 205만3,000명에 이른다는 점에서 사교육비 경감과 경력단절 여성의 일자리 창출에 기여할 수 있는 지역밀착형 재능품앗이 모델로 손색이 없다.

이처럼 공유기업을 지향하는 다양한 비즈니스모델이 빠르게 자리 잡아가는 이면에는 정부나 지자체의 적극적인 지원이 한몫을 하고 있다. 공유경제는 대체로 공급자와 수요자를 연결해 주는 양면시장이기 때문에 플랫폼을 기반으로 한다. 따라서 초기자본이 많이 들고, 시장을 개척하는 데 어려움이 많다. 이를 정부가 지원해 정책적으로 풀지 못하는 사회문제를 해결해 보려는 취지다.

경기도가 지원하는 공유기업 지정제도가 대표적이다. 공유경제를 통해 복지·문화·환경·교통 등 사회문제 해결에 기여하고자 하는 기업에 대해 육성에서 투자 유치까지 원스톱으로 지원한다. 이를 위해 경기도 산하 실행기관인 경기도경제과학진흥원에서 선도적 공유기업을 매년 20여 개씩 발굴해 육성하고 있다.

경기도가 발굴한 또 다른 공유기업 모델을 보자. 프리랜서 디자이너와 수요처를 연결하는 디자이너 플랫폼을 준비 중인 '캐치디자이너' 배수정 대표. 그녀는 미국 네바다주 관광청 반응형 웹과 호주 퀸즐랜드주 관광청 웹 디자인 등에 관여하면서 산재해 있는 다양한 디자이너들을 한데 묶을 필요성을 절감했다. 디자인 분야만큼 다양한 특화 직종은 드물다. 웹디자인, 의상디자인, 캐릭터디자인 등 30여 개 분야로 나뉘며 종사자 수도 50만 명이 넘기 때문이다.

이들의 업무는 대부분 불규칙적이다. 이 때문에 다른 직군에 비해 비정규직 비율이 59%나 될 정도로 상황이 불안정하다. 반면에 수요처인 중소기업은 막상 디자인이 필요해도 적시에 디자이너를 연결하기가 쉽지 않다. 이러한 일자리 문제를 구조적으로 해결하기 위해 창업한 케이스다.

점포의 유휴공간을 제공해 샵인샵(Shop in Shop) 창업을 지원하는 '위드인샵'(권혜진 대표)도 주목된다. 권 대표는 미국 버클리와 카이스트 MBA(경영학 석사)를 졸업하고 대기업에 근무하다 공유경제에 투신했다. 그녀는 맞춤형 매칭을 위해 수익성 분석, 매칭 알고리즘을 통한 자동매칭, 챗봇 상담 등으로 고도화할 계획이다. 매년 10만 명 이상 폐업하는 자영업자에게 상생모델이 될 수 있다.

일본에서 이웃 점포 간 프런트를 공유하고, 미국 유통업체 시어스(Sears)가 의류소매점 포에버21에 전대(Sublet)하듯, 제과점에 커피전문점을, 미용실에 네일케어샵을 샵인샵으로 매칭하면 시너지 효과가 더욱 크기 때문이다. 실제로 미국 애틀랜타(Atlanta) 프랜차이즈 빵집(Little Tart Bakeshop)과 커피전문점(Octane Coffee)이 샵인샵으로 운영해 본 결과 10~15%의 매출 상승 효과를 가져왔다.

이처럼 공유경제는 다양한 분야에서 특화된 서비스로 나타나고 있다. 아이디어 캐치가 필요하다면 전술한 사례들을 참고할 필요가 있고, 시드머니가 필요하다면 소셜벤처를 전문으로 육성하는 서울창업허브 성수센터를 찾아가 상담해 보는 것도 효과적인 방법이 될 것이다.

컨시어지

Concierge

글로벌 시장에서 '컨시어지 경제(concierge economy)'가 범용 비즈니스모델로 자리 잡아가고 있다. 각종 서비스를 대신해 주는 집사(concierge)들을 활용한 대상 시장이 세분화돼 나타나다 보니 경제(economy)가 붙었다. 중세 영화에서 작은 종을 쳐 집사를 부르는 장면이 가끔 나오는데 스마트폰을 누르기만 하면 운전기사가 달려오는 장면이 마치 컨시어지(concierge)와 유사하다고 해서 나온 말이다.

자신의 시간을 생산적으로 소비하기 위해 남의 시간을 돈으로 사는 행태다. 이런 사업은 대행업으로 나타나는 게 일반적이다. 그런데 대행업을 들여다보면 크게 두 가지 행태로 구분된다. 하나는 설득이나 분석이 필요한 일, 예를 들면 변리사, 상담사와 같은 지식대행이 되겠고, 다른 하나는 심부름, 택배, 대리운전같이 근육을 주로 사용하는 단순대행업으로 구분할 수 있다. 컨시어지 경제는 지식대행이라기보다 근육대행 쪽으로 두드러지게 나타나는 경향을 보인다.

컨시어지경제를 정규직이 아니라고 해서 임시직경제, 혹은 적은 돈으로 부려먹는다고 해서 노예경제라는 극한 표현을 쓰는 학자도 있다. 무슨 시장이든 양지와 음지가 공존하거나 부득이하게 충돌하는 경우도 많기 때문에 단정하기는 어렵지만 어찌됐든 집사경제 시장은 더욱 확대될 것이 분명하다.

그렇다면 컨시어지 비즈니스로 어떤 모델이 있을까? 우리나라에서는 아직 없지만 가사 도우미처럼 빨래를 대신해 주는 와시오(Washio)라는 서비스가 있다. 여행자들의 가방을 목적지로 갖다 주는 제트블루(Jet blue)도 여성 여행자들에게 상당한 인기를 얻고 있다.

은행이나 우체국서비스를 해주는 십(Shyp) 앱도 있는데 반복적인 일이거나 다량의 우편물 발송에 주로 이용된다. 우리는 아직 법적인 문제로 도입이 어렵지만 의사를 보내주는 힐(Heal)이라는 앱도 있다. 그러나 앞으로는 어느 혁신가가 병원과 손잡고 도전할 가능성은 있다.

요리를 대신해주는 스프릭(sprig) 앱도 인기다. 우리나라로 치면 출장요리사 파견이다. 지금은 대부분 여성단체나 NPO 등에서 하고 있지만 앞으로 이런 서비스도 혁신기업의 먹이사슬이 될 가능성이 높다. 그밖에도 주차대행, 안마사를 불러주는 앱, 술 배달을 해주는 서비스까지 웬만한 오프라인 서비스는 거의 스마트폰(app) 안으로 들어왔다고 보면 된다.

언급한 아이디어들을 우리나라에 도입하면 우버택시처럼 시장 충돌이 일어나는 아이디어도 있고, 안마사나 술처럼 국민 정서상 적절하지 않은 아이디어도 있지만 현재도 웹으로 서비스하고 있는 가사도우미나 요리사 파견 등은 가능성이 충분하다.

약간 비틀면 새로운 서비스모델도 찾을 수 있다. '30분 세차 서비스'는 어떨까? 전국 어디서나 30분 내에 서비스해 줄 수 있다면 상당히 인기가 있을 것이다. 잠깐 약속이 있어서 간 사람들은 주차비로 세차까지 할 수 있어 일석이조다. '동네 할머니 산모 도우미'는 또 어떤가? 응급상황은 119를 부르면 되지만 잠시 아이를 맡겨야 하는 경우나 산모마사지 같은 서비스 등이 필요한 경우, 가까이 사는 젊은 노인에게 연결해 주는 서비스가 있다면 안전하고 노인 일자리 창출도 되는 일석이조의 효과가 있을 것 같다.

이렇듯 컨시어지 비즈니스는 다양하게 세분화된 특화시장이 있다. 특히 '찾아가는 서비스' 시대를 맞아 기존 업종에서도 컨시어지를 활용한 마케팅 전략이 대거 등장할 것으로 보인다. 스타벅스가 갑자기 집에 찾아온 손님을 위해 고객의 집으로 커피와 간단한 간식을 배달해 주는 '홈파티' 서비스를 미국에서 제공하듯이.

이러한 컨시어지비즈니스가 더욱 성장하게 될 배경은 세 가지로 요약된다.

첫째, 시간과 공간의 경계를 허물어 주는 IT기술이 뒷받침되고 있다는 점, 둘째 일을 대신할 거점 컨시어지(local player)를 쉽게 조직화할 수 있다는 점, 그리고 온·오프라인의 엣지(edge), 즉 접점 서비스가 가능하다는 점 때문에 시장은 더욱 커질 것으로 예상된다.

찾아가는 서비스는 기업이나 창업가에게 아주 중요한 이슈가 될 것이다. 시공을 초월해 언제 어디든 찾아가 서비스해 줄 수 있는 아이디어만 있다면 모델링을 통해 전혀 다른 시장의 비즈니스 모델을 만들 기회는 여전히 많다.

이제 서비스 목적에 맞는 다양한 튜닝자동차를 우리 집 앞에서 보게 될 날도 멀지 않은 것 같다.

공유주방

Shared-use Kitchens

최근 미국에서는 새로운 요식업 창업 트렌드가 요리문화의 풍경을 바꾸고 있다. 바로 요식업 인큐베이팅센터인 '공유주방'이다. 6~7년 만에 300여 지원센터가 개설됐으며 50% 이상 성장했다. 초기에는 경기 침체기의 일시적인 해법으로 시작된 모델이 식음료 업계에서 새로운 혁신모델로 자리잡아 가고 있는 것이다.

공유주방은 주방 설비와 기기를 갖춘 공간을 외식 사업자들에게 대여해 주는 서비스, 즉 음식을 만들고 팔 수 있도록 허가된 상업 공간으로 정의할 수 있다. 좀더 정확하게 말하면 주방이라기보다 커미서리(commissary) 즉, '다량의 음식을 만들어 여러 장소로 배달되도록 하는 중앙집중식 음식보급소형 주방'이라고 해야 맞다.

처음 도전한 기업은 2013년, 워싱턴에서 시작한 유니온키친(Union Kitchen)이다. 동사는 생산시설인 주방, 유통, 식료품점 등을 묶어 새로운 브랜드를 만들 수 있도록 도와주는 식음료 비즈니스 엑셀러레이터(Accelerator)다. 8주간 교육 후 출점을 지원하고 있는데 인도간식업체 '사샤(Sasya)', 커피마니아들에게 인기를 끌고 있는 두 명의 해병대 출신이 창업한 '컴파스 커피(Compass Coffee)' 등

수많은 창업가를 배출했다.

최근 우리나라에도 공유주방 바람이 거세다. 사실 '공유주방'이라는 말을 쓰진 않았지만 2015년 한국농수산식품유통공사가 청년들이 경험을 쌓을 수 있도록 돕는 '청년키움식당'을 운영하면서 처음으로 공유주방을 선보였다. 지금은 공기관과 대기업의 제휴로 만들어진 '위너셰프', 서울창업허브 공유주방, 목포 엘에이치(LH) 공유주방 등 20곳 이상 운영되고 있다. 민간시장에서는 2~3년 전부터 시작됐는데 몇 년 만에 공유주방을 운영하는 업체가 35개로 늘었다.

그렇다면 어떤 사람들이 공유주방을 통해 창업할 수 있을까? 공유주방도 비즈니스모델이 몇 가지로 나뉘기 때문에, 입주자가 창업하고자 하는 목적에 따라 선택해야 한다.

가장 보편화된 모델은 지금 우리나라에서 주로 진행되고 있는 '공유주방(Shared-use kitchens)'이다. 외식창업가인 입주자는 일정한 월 이용료를 내면 4~5평 크기의 작은 주방을 사용할 수 있다. 다만 이 경우는 재창업자나 경쟁력 있는 셰프가 입주해야 효과를 볼 수 있다. 국내에서는 '심플키친'이 대표적이며 월 이용료 160만 원을 내면 입주할 수 있다.

외식업을 처음 하려는 사람이라면 '인큐베이터 주방(incubator kitchens)'을 이용해야 유리하다. 이 모델은 기본적으로 주방을 임대해 주지만, 여기에 메뉴개발 교육, 법률·세무정보, 채널개발, 디자인·인쇄 같은 이른바 창업과정에 필요한 대부분의 서비스를 지원받게 된다. 대표적인 업체로는 위쿡이 있다.

일본에는 점포 공유만으로 체인사업을 하는 곳도 생겼다. '오니비프(鬼ビーフ)'라는 곳인데 점포를 공유하거나 일정 시간에 점포를 빌려주는 방식이다. 국내에서는 '나누다키친'이 유사모델로 도전장을 냈다.

우리나라에는 아직 등장하지 않았지만 '식품 엑셀러레이터(food accelerators)' 모델도 있다. 일종의 키친랩(Kitchen lab) 형태인데 음식이 아닌 식품이나 패키지상품을 만들어 팔려는 사람들에게 유용한 모델이다. 브랜드 론칭을 하기 전에 시장 테스트를 해보거나 새로운 메뉴 개발을 위한 시설이 필요한 소규모 식품업체들에 적합하다.

공유주방이 도입기인데도 이처럼 시장의 반응이 뜨겁다. 하지만 지속성 여부로 넘어가면 찬반 의견이 팽팽하다. 가장 논란이 되는 부분은 크게 세 가지다. 하나는 기존 로드샵(Road shop)과의 시장충돌이다. 큰돈을 들여 창업한 인근 자영업자들이 반발할 경우, 대응 방안이 마땅치 않다.

둘째는 법적인 문제다. 현재 공유주방은 오픈된 주방을 공동으로 사용할 경우, 사업자등록을 하기가 쉽지 않다. 이 문제는 고유주방을 운영하는 심플프로젝트컴퍼니가 신청한 '규제 샌드박스'가 통과됨에 따라 제한적으로 사업자등록을 하게 됐다. 하지만 모빌리티서비스 시장에서 택시와 '타다'간 분쟁처럼 기존 자영업자들과 사회적 합의가 필요한 사항이다.

마지막으로 공유주방 입주자들의 경쟁력 문제다. 지금처럼 신규창업자들이 공유주방을 통해 창업할 경우, 고객들의 반응이 크지 않을 수 있기 때문이다. 따라서 보다 정교한 모델링이 필요할 것으로 보인다.

예컨대, 10개 전후의 제한된 메뉴를 각각의 셰프가 직접 개발해 배달해 주는 모델로 접근하면 유리하다. 분식집을 연상하면 쉽다. 분식집에 가면 라면, 떡볶이, 김밥 등 여러 메뉴가 있지만 실제로는 주방장 한 명이 모두 만들기 때문에 그 맛이 그 맛이다. 하지만 공유주방에서는 10명의 주방장이 각기 한 개씩 메뉴를 책임지면 배워서 창업하는 사람들보다는 훨씬 경쟁력이 있을 것이다.

공유주방 비즈니스모델은 리스크를 최소화하고 아이디어 실험이 가능하며 비즈니스 통찰력을 길러줄 수 있다는 점에서 푸드프레너(foodpreneurs)들에게는 기회의 장이라 할 수 있다.

애플리케이션

App

미국의 역사가이자 작가였던 헨리 애덤스(Henry Adams). 그는 유난히 친구에 대한 글을 많이 남겼다. 그중 하나를 여기 옮겨본다. "인생에서 친구 하나면 족하다. 둘은 많으며, 셋은 거의 불가능하다.(One friend in a lifetime is much, two are many, three are hardly possible)." 대학시절 도강으로 들었을 때는 동의하기 어려웠으나 지금은 갈수록 가슴에 깊이 파고드는 시(詩)다.

얼마 전, 작곡을 하는 한 청년이 수익모델 개발차 상담을 왔을 때, 문득 이 시가 생각나 "스스로 위로가 되는 자신의 노래를 만들어 줄 수 있다면 좋겠다"고 조언해 준 아이디어가 바로 '자작곡 애플리케이션(app)'이다. 한두 명의 친구를 두기도 어려운데 고독한 인생을 진심으로 위로해 줄 내 주변사람은 몇이나 될까? 그리고 그들에게 받은 위로가 실제로 진심으로 와 닿았는가. 결국 '나를 위한 위로는 내 스스로'라는 생각에 미쳐서다.

그런데 나와 같은 생각을 가진 사람이 이미 있었다. 추구하는 가치는 다르게 출발했겠지만 일상 속 흥얼거림을 음악으로 바꿔주는, 즉 허밍(humming)으로 작곡할 수 있는 앱, 험온(Humon)이 그것이다. 악기를 연주하지 못해도 원하는 스타일의 음악 장르를 선택하면 멜로디에 어울리는 멋진 반주를 자동으로 완성해 준다.

스스로 작곡할 수 있는 유사한 앱은 이외에도 몇 개 더 있다. 악보를 쓰고 만들 수 있는 작사·작곡앱 '스코어크리에이터(Score Creator)', 음악루프에 '콩나물' 대신 동물 아이콘으로 대체해 재미를 더해주는 '사운드포레스트(Soundforest)' 등이 있고, 풍경을 배경으로 AR을 접목해 실시간 뮤직비디오를 만들 수 있는 앱(Wavy Music)도 등장했다. 이러한 앱은 SNS, 특히, 음악콘텐츠가 주된 커뮤니케이션 수단인 '뮤지컬리(musically)'나 '틱톡(TikTok)'의 이용자들에게도 활용도가 높을 것으로 예상된다. 시각 콘텐츠가 일반화될수록 허전해진 감정, 즉 위로와 심리 안정을 위한 청각 콘텐츠는 더욱 필요해질 것이다.

이처럼 소비자들의 다양한 욕구를 충족시키기 위한 차별화된 앱이 스타트업들의 저격시장이 되고 있다. 이들 중 상당수는 성공해 이용자들에게 널리 애용되고 있기도 하다. 대표적인 앱스토어인 애플스토어에서 올해의 앱 트렌드로 동기부여, 명상, 심리치료 등 손쉽게 자기관리를 할 수 있게 도와주는 앱을 꼽았다는 점도 이러한 흐름을 뒷받침해 준다.

구글플레이가 2018년 베스트앱으로 선정한 '오늘의 집'은 이미 지나간 듯한 개인화(personalization) 트렌드를 다시 소환했다. 다양하게 설계된 인테리어 탬플릿을 제시하고 관련 제품을 바로 구매할 수 있는 플랫폼으로 150만 다운로드를 돌파할 정도로 인기를 끌고 있다. 3년 전에 만난 홍콩과학기술대 학생도 온오프(on-off) 연계 앱을 개발해 홈퍼니싱(home furnishing) 시장에 도전장을 낸 케이스다. 다양한 인테리어 탬플릿을 맞춰보고, 그에 어울리는 가구를 오프라인과 연계해 판매하겠다는 전략이다.

여기에 한술 더 뜬 앱 '하우스크래프트(Housecraft)'는 증강현실(Augmented Reality) 기술을 활용해 방의 배치를 이리저리 바꿔가며 미리 설계해 볼 수 있도록 했다. 90년대 말에 일시적으로 유행했던 DIY 시장이 예고된 세계적 불황에 대비해 뉴트로(New-tro) 트렌드, 즉 옛것을 재창조한 형태로 복귀한 모양새다.

아이패드가 선정한 앱 가운데 '프로기피디아(Froggipedia)'가 있다. 이 앱 역시 증강현실(AR)을 활용해 개구리에 대해 배울 수 있는 교육 앱이다. 실제 개구리를 해부할 필요 없이 가상의 실험을 통해 해부 교육을 받을 수 있다. 이 앱의 확장성은 상당히 크다. 동물보호 운동이 이슈가 되고 있는 만큼 VR이나 AR기술을 접목해 다양한 동물체험으로 확대해 나갈 수 있기 때문이다.

의식주는 비즈니스모델 개발에서 불멸의 키워드다. 이 가운데 특히 음식은 갈수록 다양한 콘셉트로 고도화되고 있다. 음식사진을 찍으면 레시피와 요리법 등을 알려주는 픽스푸드(Fixfood)를 비롯해 다이어트가 필요한 사람들에게 식단과 진행결과를 알려주는 앱도 있고, 푸드캐치(Foodcache)처럼 식재료 낭비를 알려주는 알람기능을 가진 앱도 있다. 식재료 입력이 귀찮겠지만 절약과 규칙적인 식습관에는 도움이 될 듯하다.

여행의 재미를 더해 주는 앱도 인기반열에 올랐다. 해외여행자를 위한 시차조정 정보를 제공하는 타임시프터(Timeshifter), 가고 싶은 여행지를 미리 등록해 두면 친구들이 주변 맛집이나 그 지역 이색여행지를 추천해 주는 앱도 있다. '스테어포스(Stairforce)'가 추구하는 가치는 여행을 통한 건강관리다. 걷는 거리를 모두 합산해 우주로 올라가는 단계별 그림으로 보여준다. '내가 걸은 거리가 지구를 어느 정도 정복했는지' 환산해 준다면 더 흥미로울 것 같다.

이렇듯 다양한 앱이 우리의 건강과 감정의 공백을 파고들고 있지만 최근 출시된 가장 획기적인 앱은 GPS 기반의 레이스러너(Racerunner)가 아닌가 싶다. 세계 친구들과 동시에 달리는 앱이다. 예컨대, 세계 각지의 친구들과 동시에 출발해 마침(finish)과 동시에 뛴 거리와 순위를 보여주는 앱이다. 운동을 중단하는 가장 큰 이유가 '혼자는 재미가 없어서'인데 이 앱을 활용하면 재미도 있고, 기록도 남길 수 있으며 여러나라 친구도 사귈 수 있다는 점에서 인기를 끌 것으로 보인다.

삼성전자가 의욕적으로 출시했던 자작곡 음악앱 '사운드캠프(soundcamp)'가 2019년 서비스를 종료한 점에서 보듯이 앱은 제조나 플랫폼업체가 제공하는 것이 아닌 콘텐츠 프로바이더(CP) 영역이란 점을 간접적으로 보여준다. 현존하는 아이디어에 미러링(Mirroring)을 통해 새로운 가치를 얹을 수 있다면 누구라도 도전할 기회가 열려 있다. 우리는 무엇이든 구현이 가능한 기술의 시대에 살고 있기 때문이다.

III

온·오프라인 통합
비즈니스모델

클릭 앤드 모르타르

Click & Mortar

영국의 한 할머니가 안락의자에 앉아 리모콘으로 TV모니터를 이리저리 돌리다가 슈퍼마켓에서 몇 가지 상품을 주문했다. 주문한 슈퍼마켓은 테스코(Tesco)였고, 품목은 마가린과 콘플레이크 그리고 계란이었다. 바로 그 주문이 1984년 5월에 일어난 세계 최초의 온라인 B2C 쇼핑이다. 그 할머니의 이름은 '제인 스노우볼(Jane Snowball)이며 당시 나이가 72세, 당시 적용된 기술은 전화 회선을 통해 가입자의 TV 모니터에 보내주는 시스템 즉, 비디오텍스(Videotex) 컴퓨터 기술이다.

우리나라 최초의 인터넷쇼핑몰(당시에는 사이버 비즈니스라 불렸다) 개설자는 초대 대부업협회장을 지낸 유세형 씨로, 1992년 당시 첫 번째 판매제품은 일본에서 수입한 욕실 미끄럼 방지 제품이다. 출강했다가 우연히 만난 그는 "앞으로 인터넷이 국경 없는 열린 시장이 될 것"이라며 1등만 살아남을 시대를 앞서 달려 보자던 약속이 기억난다.

언급한 온라인과 오프라인을 통합한 비즈니스가 '클릭 앤드 모르타르(Click and Mortar)' 모델이다. 어떤 사물을 그것이 가진 속성과 밀접한 관계가 있는 다른 낱말을 빌려 표현하는 수사법인 환유

(metonym)적 표현이다. 클릭(Click)은 인터넷을, 모르타르(Mortar)는 공장이나 점포 같은 입지업종(Brick and Mortar)의 다른 표현이다.

이 모델은 테스코가 효시였지만 웹 기반 선도기업은 1994년 인터넷으로 주문이 가능하게 한 피자헛이다. 미국 대통령 트럼프 부부가 당시 피자헛 광고모델로 등장한 시기다. 이어 1997년에 설립된 온라인 영화 스트리밍 웹사이트 넷플릭스(Netflix)도 인터넷과 비디오대여점을 묶어 출발했다. 2004년 직원 9만여 명에 대여점 9,000개가 넘었던 브릭 앤드 모르타르(Brick and Mortar) 업체 블록버스터(Blockbuster LLC)가 폐업한 것도 넷플릭스의 영향이 컸다.

2007년, 스탠퍼드 비즈니스스쿨 학생 두 명이 창업한 남성패션 회사인 뉴욕의 '보노보스(Bonobos)'도 클릭 앤드 모르타르 모델이다. 처음에는 전자상거래로 시작했으나 성장에 한계를 느껴 가이드샵(Guideshop)을 냈고, 시애틀의 백화점 체인 '노드스트롬(Nordstrom)과 파트너십을 맺음으로써 채널 다각화에 성공했다.

이렇듯 창업할 때 가장 먼저 고려할 사항이 바로 채널(Channel) 선택이다. '온라인 모델(Click)'로 할 것인지, 아니면 입지모델(Mortar)이 적합할 것인지를 먼저 고민해야 한다. 물론 지금까지는 그랬다. 최근에는 클릭 앤드 모르타르 모델은 선택이 아닌 필수가 됐다.

아마존과 월마트의 최근 빅매치를 보자. 온라인 공룡 아마존은 2016년 직원들을 대상으로 오프라인 편의점을 시범 운영한 뒤 2018년 1월 아마존고(Amazon go) 간판을 달고 일반에 공개했다. 이 편의점에는 인공지능(AI), 컴퓨터 비전(컴퓨터가 사람의 눈 같이 이미지를 인식하는 기술) 등 첨단기술이 적용된 다양한 센서를 통해 구매자가 상점 밖으로 나갈 때 자동 청구되므로 계산대가 없다. 아마존은 나아가 2017년 식품 소매업체 홀푸드(Whole Foods)를 인수했다. 이 회사는 1978년 설립된 유기농 전문 소매업체로 400개가 넘는 점포를 가진 미국인이 가장 좋아하는 식품점이다.

같은 시기, 오프라인(Mortar) 최강자 월마트(Walmart)는 남성의류 회사 보노보스(Bonobos) 인수를 전격 발표했다. 월마트는 2009년 월마트닷컴을 오픈하며 추격해 오는 아마존에 온라인(Click)으로 맞섰지만 결국 2015년에 시가총액 기준으로 아마존이 월마트를 제치자 대응책으로 나온 조치다. 국내 클릭업체 '배달의민족'이 모르타르(Mortar)형 식당을 자체적으로 조직하려는 움직임도 이와 무관하지 않다.

물론 모든 영역의 사업이 클릭 앤드 모르타르 비즈니스모델을 따를 필요는 없다. 하지만 적용하면 유리한 업종들이 있다. 첫째, 내구재와 가전제품이다. 구입 전에 기능과 디자인, 재질 등을 필히 확인할 필요가 있어서다. 패션도 이 비즈니스모델을 도입해야 할 업종이다. 디자인과 촉감, 재질에다 피팅까지 해봐야 비로소 만족하는 제품이기 때문이다. 같은 맥락에서 음식과 식료품, 로앤드(low-end) 농산물 소매, 건강과 미용, 그리고 100엔샵 같은 저렴한 제품의 도소매에 도입하는 것이 필요하다. 이러한 혁신이 필요한 이유는 애프터서비스 개선, 시장의 광역화, 시간절약, 비용절감 외에도 고객의 신뢰를 얻을 수 있다는 점에서 충분한 가치가 있다.

우리에게 이미 익숙한 클릭 앤드 모르타르 비즈니스모델을 왜 다시 꺼낼까? '아마존고'가 좋은 본보기이지만 국내에서도 그 흐름은 감지할 수 있다. 상용화를 목표로 전자부품연구원이 연세의료원, 솔트룩스 등과 함께 개발 중인 의료상담 챗봇(Chatbot)을 들여다 보면 필연적 이유를 알 수 있다. 이 프로젝트는 국민 의료보건을 목적으로 건강상담에서 정서적 교감까지 수행하는 원스탑 솔루션이다. 예컨대, 건강에 이상 징후가 나타나면 '증상 입력 → 혼자 처치 가능한 정보 안내 → 이미지 예시 → 병원 안내 → 예약 → 사후관리'의 토털 헬스케어 서비스가 가능하다. 채팅뿐 아니라 음성안내까지 서비스되기 때문에 연령대와 관계없이 쉽게 이용할 수 있게 된다.

이렇게 되면 플랫폼 운영자(Click)는 물론이고 각 지역에 산재한 요양기관(Mortar)들과 일체형 서비스가 가능해 국민 누구나 언제 어디서든 케어(Care) 받을 수 있다. 여기에다 질병예방 기능까지 더해져 건강보험 예산을 크게 줄일 수 있다.

다만 클릭 앤드 모르타르 모델이 성공적으로 안착하기 위해서는 두 가지 전제조건이 따른다. 고객 친화적 인터페이스, 온·오프 통합관리 솔루션, 구매패턴 분석 솔루션, 통합 회계솔루션 등이 필요하다. 즉, 이전처럼 온라인과 오프라인의 운영이 별개로 운영돼서는 효과가 없다. 현황을 통합해 들여다보고 실시간 대응이 가능해야 경쟁력을 가진다는 의미다.

다른 한 가지는 클릭업체들의 제휴프로그램(Affiliate Program)을 미러링(Mirroring)할 필요가 있다. 제휴 사이트의 배너광고를 클릭

해 발생한 매출의 일정비율을 수수료로 보상하는 시스템으로 아마존이 1996년 최초로 시작해 현재 90만 개 이상의 사이트가 참여할 정도로 활성화돼 있고, 이들은 전체 매출의 40%를 올려주고 있다. 구글의 '애드센스(AdSense)'와 이베이의 '파트너 네트워크(Partner network)' 등도 이러한 오픈 비즈니스모델(Open Business Model)을 적용함으로써 시장장악력을 크게 확대한 바 있다. 마찬가지로 자체 조직화가 어렵다면 이 같은 제휴모델을 통해 확장해 나가는 방안도 고려해 볼 수 있다.

메이커 스페이스

Maker Space

"아이가 태어나고 저희집은 말 그대로 시간과의 전쟁이었습니다. 쉴 새 없이 나오는 젖병과 수유용기, 침이 범벅된 장난감 등 면역력 약한 아기가 사용하는 거라 밤낮으로 세척하고 살균하느라 하루가 어떻게 지나갔는지 모를 정도입니다." 유아용 자외선 소독기를 개발해 크라우드펀딩으로 목표액의 1,000% 이상 달성하고 수출까지 하게 된 스타트업 '페어런토리'(http://parentory.co.kr) 최영수 대표의 말이다.

그는 살균 성능을 눈으로 확인할 수 없어 늘 마음 한구석이 불안했다. "그래서 나도 모르게 소독기에 넣기 전에 열탕소독을 한 번 더하고 있더군요. 조금이라도 시간을 줄이고자 산 건데 오히려 시간을 두 배 쓰고 있으니 답답했습니다."

그래서 자외선 소독기를 개발해 보려고 잘나가던 변리사 일을 집어던지고 창업에 도전했다. 문제는 기존 소독기는 대부분 살균 사각지대가 있어 100% 살균이 가능하도록 하려면 수많은 실험이 필요했다. 게다가 디자인 역시 부모가 쓰는데도 유아용으로 디자인돼 있는 기존 제품과 차별화해야 했다. 하지만 이러한 과정을 실험해 보고 파일럿 제품을 만들려고 했지만 제조할 파트너를 어떻게 찾아야 할지 막막했다.

전술한 사례는 우리나라 제조기반 스타트업들이 창업하면서 겪게 되는 공통적인 문제다. 바로 이러한 문제를 해결해 주는 비즈니스모델이 한일 경제전쟁을 겪으면서 폭발적으로 성장하고 있는 메이커스페이스(Maker Space)다. 제조가 필요한 스타트업이나 개인이 마음 놓고 쓸 수 있는 오픈 스페이스로 이용자가 준비된 도구와 장비를 사용해 모든 종류의 다양한 제품을 설계, 창작할 수 있는 라이브러리다.

국내 1호 메이커스페이스는 서울역 건너편 서울스퀘어 5층과 용산전자상가 등 5곳을 운영하고 있는 N15(공동대표 류선종·허재)다. 이들은 메이커스페이스를 국내에서 처음 도입한 1호주자이며 정부가 전략사업으로 육성하는 모델로 삼은 곳이기도 하다.

이곳에서는 아이디어만 가져오면 멘토링을 통해 시제품 제작을 지원한다. 이렇게 개발된 시제품은 필요에 따라 특허를 받게 하고, 투자주선을 거쳐 양산 가능한 제조업체로 연결해 준다. 반응이 좋으면 국내 유통을 직접 지원하고, 글로벌시장 진출까지 지원하는 그야말로 원스톱 제조서비스 지원시스템이다.

메이커스페이스는 불과 4년 전에 국내에서 론칭했지만 미국에서는 2006년부터 시작됐다. 어린이들이 DIY를 통해 과학기술에 익숙해질 수 있도록 STEM(Science, Technology, Engineering and Mathematics) 교육을 지원하기 위해서였다. STEM은 미국 교육부에서 "미래의 지도자가 현재와 미래의 복잡한 과제를 이해하고 해결하며, 역동적이고 진화하는 기술과 콘텐츠 지식을 쌓을 수 있도록 한 프로그램"으로 정의하고 있다.

메이커(Maker)문화를 주도하게 된 것은 코딩교육의 선도모델이 된 라즈베리파이(Raspberry Pi). 이 제품은 학교 및 개발도상국에서 컴퓨터 과학 교육을 촉진하기 위해 영국의 라즈베리파이재단이 개발한 초소형 싱글보드 컴퓨터를 말한다. 이 아이디어는 2006년, 영국 캠브리지대 컴퓨터과학과 연구실 교수 에벤 업튼(Eben Upton)과 박사과정 학생 등 네 명의 프로젝트로 시작됐지만 지금은 세계 코딩 교육을 주도하고 있다.

산업형 메이커스페이스는 미국 MIT의 팹랩스(Fab Labs)에 뿌리를 두고 있다. 팹랩스는 디지털 제작시스템을 제공하는 소규모 실험실이다. '발명과 혁신을 위한 기술적 프로토타이핑 플랫폼'으로 정의된 이곳은 학생과 현지 기업가들에게 개방해 '가지고 놀면서 배우고, 창조하며 도전하라'는 것이 미션이다.

이전까지는 개인이 단순하게 물건을 만드는 수준이었다. 하지만 팹랩스는 '사람들 간 협력을 통해 단일 공간에서 차별화된 제품을 만들어낸다'는 점이 다르다. 즉, 개인의 아이디어를 다른 사람들과 공유하는(do-it-with-others) 사고방식이 적용되는 유기적 공간이라는 의미다. 따라서 메이커스페이스는 기술, 예술, 교육 및 협업의 융합 솔루션이라 할 수 있다.

앞서 언급한 N15에서는 그동안 피부측정 분석기, 유모차 브레이크 시스템, 고양이 전용 빗, 포스트잇 프린터, 비트코인 지갑 등 200여 제품을 개발해 유통하고 있다. 이 가운데 히트상품 반열에 오른 '고양이 전용 빗'의 사업화 과정을 보자. 기존 빗은 날카롭고 소재가 철(iron)이어서 고양이들이 아파한다는 점에 착안했다. "고양이가 새끼를 핥아주는 촉감을 낼 수는 없을까?" 그래서 나온 제품이 혓바닥 질감과 패턴을 구현해 거부감을 없앤 것이다. 이 제품은 크라우드 펀딩을 거쳐 소비자들의 공감을 확인한 후 양산해 지금은 아마존까지 진출했다.

메이커스페이스는 제조 기반이지만 업종은 다양하게 특화해 설립할 수 있다. 나사렛대가 최근 론칭한 '나도메이커스페이스(NADO Maker Space)'는 노인과 장애인의 재활 분야로 특화했다. 노인과 장애인을 대상으로 헬스케어형 맞춤 보조기기 제작을 희망하는 창업가를 지원하기 위함이다. 나도메이커스페이스를 이끌고 있는 전방연 팀장은 "노인과 장애인에게는 체험과 재활교육을, 창업가들이 만든 제품은 관련기관에 맞춤형 보조기기로 등록해 주고 해외 판로 개척도 적극 지원할 계획"이라고 한다.

메이커스페이스는 'N15' 같은 혁신 창업가, 나도메이커스페이스 같은 교육기관은 물론 지방자치단체, 금융기관, 언론사 등 활성화 역량이 있는 기관들이 참여할 수 있다. 하지만 앞으로는 사회문제를 해결할 제조 이슈를 가진 혁신가들이 협회나 조합같은 단체를 만들어 도전한다면 더욱 효과적일 것이다.

일례로 일본 아키하바라의 메이커스페이스 'DMM, Make Akiba'는 게임, 만화, 애니메이션으로 특화해 2014년 말 오픈했다. 합작으로 설립한 이들은 오타쿠(御宅) 문화의 발상지로 발돋움하려는 꿈을 키우고 있다.

세계적으로 메이커스페이스에 대한 관심은 크게 늘고 있다. 구글트렌드에서 분석해 보면 지난 2년 동안 메이커스페이스 검색량이 5배 이상 증가했다. 우리나라는 창업진흥원(www.k-startup.go.kr)이 생활밀착형 창작공간인 '일반랩(Lab)'과 창업 연계형 전문 창작공간인 '전문랩'으로 나눠 초기 사업비를 5억 원까지 지원하고 있다. 제조업 르네상스 시대를 견인하고 싶은 단체나 개인의 적극적인 참여를 기대해 본다. 나아가 창업가들도 아이디어만 있으면 메이커스페이스를 통해 1인제조업으로 우뚝 설 기회를 만들어 보기를 권한다.

추억

Remembrance

기업이 고객과 만나는 접점은 실로 다양하다. 직접 대면하는 매장에서는 물론이고 디자인, 광고, SNS 등 간접적으로 만나는 경우도 많다. 고객과의 만남에서 생성되는 경험은 기업의 이미지와 직결된다. 그래서 모든 기업은 고객과 만나는 모든 접점을 관리한다. 이른바 고객경험관리(CEM)이다.

그런데 포스트코로나 시대에는 고객경험관리를 넘어 '고객추억 관리(Customer Remembrance Management) 시대로 넘어왔다. 추억이란 무엇일까? 기억의 일부다. 그 기억은 경험에서 나온다. 먼저 경험을 하고, 그 경험 가운데 일부는 기억으로 남으며, 그 남은 기억 중에 일부가 추억으로 되살아난다. 게다가 경험과 기억은 좋기도 나쁘기도 하지만 추억은 행복하고 아름답게 남는다.

요즘처럼 경기가 좋지 않고 삶이 외로울 때, 가장 먼저 떠올리는 것이 어머니, 고향 그리고 친구일 것이다. 과거 구글에서 검색 순위를 발표한 적이 있는데, '어머니'가 단연 1위였다. 그때가 바로 2008년 미국발 금융위기 때인 점이라는 점은 시사하는 바가 크다. 힘들고 허무할 때 바로 '아름다운 추억'으로 위로를 받기 때문일 것이다.

던롭스포츠코리아는 매년 부자(父子)골프대회를 연다. 올해도 50개 팀을 모집했는데, 순식간에 300팀 가까운 지원자가 몰렸다. 던롭은 1박2일 동안 골프 외에도 다양한 이벤트를 통해 평소에 다소 어색할 수 있는 부자간에 잊을 수 없는 추억을 선사한다. 이렇듯 고객의 추억을 브랜드에 입힘으로써 록인(lock-in)효과를 얻을 수 있음은 물론이다.

얼마 전, 치킨 프랜차이즈업체인 멕시카나는 삼양식품의 불닭볶음면과 함께 '불닭치킨'을 출시해 인기를 얻었다. 제조업체의 불닭볶음면 소스와 로드샵을 가진 가맹본부의 불닭치킨의 조합은 단지 통합메뉴 출시라는 이벤트가 아니다. IMF 외환위기 때의 매운맛에 대한 추억을 소환해 고객들의 마음을 이끌어낸 것이 주효했다.

그렇다면 요즘처럼 추억이 필요한 시기에 가장 어울리는 소박한 비즈니스모델은 어떤 것이 있을까?

재개발로 도시에서 쫓겨나는 사람들의 슬픈 이야기를 담은 뮤지컬 〈윌리지〉를 무대에 올려 호평을 받은 캔디뮤지컬컴퍼니의 박민강 대표. 그는 최근 '자신의 노래'를 작곡해 주는 사업을 시작했다. 뮤지컬 공연이 끝나면 관객들로부터 자기 얘기를 대신해 주는 것 같아 큰 위로가 됐다는 소리를 많이 들으면서 이 사업의 필요성을 느꼈다. 평생 남의 노래로 위로를 받다가 가느니 자신의 굴곡진 삶을 노래로 부른다면 힘들 때 훨씬 위로 받을 수 있을 것이라는 생각에서다.

노랫말은 의뢰인의 인생 얘기로 엮고, 작곡은 의뢰인의 코드에 맞춰 쉽게 부를 수 있게 해준다. 1~2개월의 연습을 거쳐 자신의 노래를 녹음할 때, 대부분은 우느라 제대로 노래를 하지 못한다고 한다. 지난 추억들이 주마등처럼 스쳐 감정을 억누를 수 없기 때문이라는 것이다.

'더레이아웃'의 이정인 대표는 자서전 출판대행업으로 인기를 얻고 있다. 비교적 성공한 이력을 가진 대기업 임원에서부터 겉으로는 성공했다고 보기 어려운 노점상에 이르기까지 실로 다양한 사람들이 상담을 신청한다. 이들이 출판하려는 이유는 한결같이 "지나온 삶의 궤적을 기록으로 남기고 싶어서"라고 한다.

장난감병원도 잘나가는 추억 비즈니스다. 아이들은 낡은 장난감이라도 애착이 크다. 아이들뿐 아니라 어른들도 어릴 적 추억이 담긴 장난감을 계속 갖고 가는 경우가 많다. 심지어는 출가하는 딸에게 어린 시절 갖고 놀던 장난감을 간직했다가 들려 보내는 부모도 많다. 어떤 값나가는 선물보다 어릴 적 추억이 온전히 담긴 장난감이 훨씬 더 와 닿으리라 생각된다.

제주도의 한 사회적기업가는 노인부부 여행을 사진첩으로 만들어 주는 사업으로 관심을 끈다. 노인부부가 제주공항에 내려서 여행하는 동안 몰래 따라다니면서 사진을 찍어 출도하는 순간에 사진첩을 전달해 준다. 이러한 이벤트는 자녀가 미리 계획해 사전에 의뢰한다. 부모는 받아든 순간 대부분 감격스러워한다고 한다.

요즘 일본에서는 은퇴자를 위한 소학교 수학여행 프로그램이 인기다. 현역에서 은퇴한 사람들이 과거 친구들과 수학여행을 갔던 바로 그 장소로 단체여행을 가는 프로그램이다. 치열하게 사느라 오랫동안 소원했던 친구들과 옛 추억을 되살리며 함께 나누는 정은 그 무엇과도 비길 수 없으리라.

'점포 없는 꽃집'도 일본에서 인기를 끌고 있다. 지금까지는 플로리스트가 꽃을 만들어놓고 의례적인 인사말을 붙여 판매하는 수준이 대부분이다. 하지만 이곳에서는 사연을 꽃으로 표현하는 이른바 '스토리텔링꽃'을 만들어 보내준다. 예컨대, 결혼을 앞둔 남자가 예비신부에게 꽃을 보내고자 하면 결혼하기까지의 에피소드나 미래의 소망 등을 글이 아닌 꽃으로 연출하는 것이다. 점포 없이 오직 온라인으로만 판매하지만 매출은 오프라인 점포를 능가한다.

우리 정서와는 다소 어울리지 않은 추억비즈니스도 있다. 미국 오하이오주의 '세이브마이 잉크포에버'는 죽은 사람의 피부에 새겨진 문신을 떼어내 따로 보관할 수 있게 한 서비스업체다. 창업자는 친구의 죽음을 보고, 그의 문신으로나마 추억을 간직하고 싶어서 이 사업에 도전했다. 유골을 항아리에 넣고 이름을 새겨 보관하는 것보다는 낫다는 생각에 도전해 5년째 이어오고 있다.

이밖에도 과거에 즐겨 입었던 의류를 업사이클링 해주는 사업, 과거에 읽고 감동을 받았던 책에 예술을 입혀 작품으로 만들어주는 북아트(Book art), 7080세대를 위한 음악다방 등 다양한 비즈니스모델이 추억을 간직하고 싶어하는 사람들의 관심을 끌고 있다.

경제와 전염병은 트레이드오프(Trade off)관계에 있다. 코로나19

가 장기간 지속되는 엔데믹(endemic)으로 간다면 사람들은 더욱 힘들고 우울할 것이다. 이럴 때일수록 위로가 필요하다. 그 위로는 추억을 소환할 때 비로소 해소될 수 있을 것이다.

한정식당
Limited Restaurant

비즈니스모델은 크게 두 가지로 정의할 수 있다. 스타트업에서는 '하나의 조직이 가치를 포착·창조·전파하는 방법의 논리적 설명'을 말하고, 자영업에서는 '구분이 가능한 최소 산업 단위를 정량화한 모형'으로 정의한다.

스타트업은 대체로 차별화된 아이디어나 신기술을 기반으로 창업하다 보니 보이지 않는 것을 보이게 모델링해야 한다. 반면에 자영업은 비즈니스모델이 오랜 경험을 통해 업종이란 이름으로 정형화돼 있다 보니 진입장벽이 낮고 경쟁이 심화되는 구조적 문제를 안고 있다.

자영업이 포화라는 말은 오래전부터 문제점으로 지적돼 왔다. 하지만 갈수록 취업이 어렵고, 퇴직자들의 탈출구가 없는 한 이 문제는 계속될 것이다. 우리는 자영업 생태계를 바꿀 새로운 모델링을 해야 할 필연적인 시점에 와 있다.

우선 사례를 보자.

오전 9시 30분. 교토의 관광지 '교토 마루이'에서 조금 떨어진 주택가의 한 식당 앞에 내·외국인이 뒤섞여 줄지어 서 있다. 위를 쳐다보니 간판이름은 하쿠쇼쿠야(佰食屋). '나카무라 아케미

(1984년생)'가 2012년에 창업한 일본산 얇은 쇠고기를 생계란에 찍어 먹는 '스키야키' 전문점이다. 이 줄은 11시 30분에 오픈하는 식당의 대기표를 받기 위한 줄이다. 무작정 기다리게 하는 것이 아니라 미리 받아놓고 나머지 시간을 활용하라는 의미다.

이 식당의 일본의 음식점 평판 사이트 타베로그(食べㅁグ)를 보면 평점 5점 만점에 3.58점이다. 점수만 보면 아주 잘나가는 음식점은 아니다. 그럼에도 늘 이른 시간에 줄을 서야 하는 이유는 차별화된 메뉴를 하루에 100그릇만 판매하기 때문이다.

여기에 한 가지 더. 이 가게 주인의 가치경영이 세상에 알려졌기 때문이다. 하루 100그릇을 판매하는 시간은 겨우 3시간 반. 그날 영업은 거기서 끝이다. 그런데도 종업원은 모두 정규직이다. 왜 이런 생각을 했을까? 이에 대해 나카무라 사장은 한 인터뷰에서 "고객보다 소중한 사람은 직원들"이란 대답으로 그 이유를 대신했다.

나카무라 사장은 음식점을 창업하려고 했을 때 가장 먼저 연상되는 것이 "근무시간이 너무 길다", "주말에도 일해야 한다", "최소 인원으로 돌려야 남는다"는 거였다. 그러다 보니 가족이 함께 저녁을 먹을 시간이 없을 것이라는 판단이 들었다. 행복하게 살기 위해 사업하는 건데 제때 가족과 함께 식사조차 하지 못하는 게 무슨 의미가 있느냐는 것이다.

그녀는 "기업은 왜, 누구를 위해 매출을 꾸준히 늘려가야 하는 것인지"에 대해 심각하게 고민했다. 답은 너무나 뻔했다. 내세우는 말은 종업원의 복리를 위해서라지만 실제로는 주인 혼자 독식하기 위함이라는 것이다. 그래서 생각해낸 아이디어가 하루 100 그릇 한정 판매였다. 나머지 시간을 구성원 모두가 가족과 함께 의미 있는 삶을 보내자는 의도다. 게다가 주변 가게들에게도 낙수효과가 크다.

이 글을 읽고 사람들은 이렇게 물을 것이다. "잘될 때 돈을 많이 벌어놔야 안될 때 재투자할 수 있지 않느냐?"고. 이에 대한 대답은 내가 해줄 수 있다. "하루 100그릇만 팔아도 그 정도면 충분하고, 더 이상 벌어 호사스럽게 산다한들, 지금 이 순간 다 같이 행복하게 사는 것보다 미래에 더 가치 있는 삶을 살 수 있겠는가?"

이러한 노력의 결과로 하쿠쇼쿠야(佰食屋)는 '100그릇 한정, 영업시간 3시간 반, 음식점에서도 잔업 제로'라는 비즈니스모델을 안착시킨 대표 브랜드가 됐다. 최근 이 식당은 '新다이버시티(Diversity) 경영기업 100선'에 이름을 올렸고, 권위 있는 매거진 〈닛케이우먼〉이 주는 '2019 올해의 여성 기업가 대상'도 받았다.

다른 사례를 보자. 프랜차이즈는 태생적으로 본사가 망하면 가맹점도 덩달아 망하는 구조다. 이러한 문제를 해결하기 위한 방안의 하나로 나는 '조커(Joker)브랜드' 모델을 제안한 바 있다. 뜨개질로 유명한 '바늘이야기(대표: 송영예)'가 대표적이다. 송 대표는 프랜차이즈 브랜드 앞에 가맹점 창업자의 이름을 붙이게 했다. 예컨대, 창업자가 '황혜미'라면 '황혜미 바늘이야기' 간판을 허용한 것이다. 송 대표는 가맹점 사업을 이미 접었다. 그러나 지역마다 '바늘이야기'는 가맹점 창업자 이름으로 여전히 영업을 계속하고 있다.

2012년, 나는 로봇라면전문점이 일본 나고야에 오픈했다는 소식을 듣고 달려갔다. 창업자는 폐기될 산업로봇을 개조해 전용했다고 한다. 1분 40초 만에 정확하게 처리하면서도 맛은 동일하게 유지했다. 그로부터 7년 후, 최근 대구 공평동에 로봇치킨전문점 '디떽킹'이 문을 열었다. 로봇이 치킨을 튀겨주는 음식점인데 무한리필로 큰 인기를 끌고 있다. 여기에 인공지능으로 업그레이드하면 맛의 상향평준화로 점포간 우열을 줄일 수 있을 것이다.

언급한 사례들은 우리에게 시사하는 바가 크다. 포화상태인 자영업시장에서 호혜전략으로 안성맞춤이며 주인과 종업원 모두가 삶의 질을 높일 효과적인 방법이기 때문이다. 게다가 일손 부족으로 겪는 문제를 일거에 해결할 수도 있다.

자본주의 특성상 실현 가능성이 낮은 사례도 있고, 함께 꿈꾸면 가능한 경우도 있다. 지금 우리는 저성장과 빈부격차, 고령화 등으로 인한 이슈에서 자유로울 수 없다. 자영업 또한 예외일 수 없다. 생태계를 바꾸는 혁신이 필요한 시점이다. 이러한 사례가 현실로 나타나 모두가 함께 행복한 세상이 오는 즐거운 상상을 해본다.

혁신 프랜차이즈

Innovative Franchise

일반적으로 내수시장의 혁신업종 라이프사이클은 세 단계를 거쳐 성장한다. 첫 번째는 토픽(Topic) 단계다. 시장이 채 형성되지 않았지만 필요성이 제기된 단계를 말한다. 두 번째는 트렌드 (Trend) 단계다. 토픽 단계에서 어느 정도 검증된 업종으로 성장 가능성이 예상되는 업종을 말한다. 그리고 마지막으로 트래디션 (Tradition) 단계다. 즉, 전통 업종으로 완성된 최종 단계를 말한다.

예를 들면, 노래방이 등장한 1990년에는 마산의 지하층에서 개인이 시작해 부산 남포동으로 넘어왔다. 토픽기였다. 당시에는 일본에서 가라오케 기계를 분리해 수입한 후, 다시 조립하는 수준이었다. 2년 후인 1992년, 반주만 나오던 가라오케 기계에다 자막처리를 하고 PC 기반 시스템을 구축해 '아싸노래방'이 프랜차이즈로 설립됐다. 이즈음이 트렌드 단계다.

이후 금영, 태진 등이 시스템 고도화를 이어가면서 꾸준히 성장하던 노래방은 2011년, 3만5,316개를 정점으로 하락세로 돌아섰지만 지금은 트래디션 단계, 즉 전통 업종으로 자리 잡았다. 노래방 사례에서 알 수 있듯이, 하나의 혁신 업종이 프랜차이즈화하려면 시장 파이가 커지는 트렌드기에 도전하는 것이 일반적이다.

잠시 일본으로 건너가 보자. 일본에서는 어떤 프랜차이즈 트렌드 업종들이 성장했을까? 창업은 본질적으로 장기전이기 때문에 다가올 미래 시장을 예측하려면 선행하는 국가의 관련 시장을 들여다보는 것이 가장 쉬운 방법이다.

2019년 일본 프랜차이즈 시장에서 도약한 비즈니스모델을 분석해 보면 크게 2대 키워드로 나타난다. 고령화와 1인 가구가 그것이다. 내수시장은 인구기반이어서 인구의 변화가 사업의 성패에 직접적인 영향을 미친다. 이 가운데 비즈니스모델이 가장 표준화된 프랜차이즈는 자영업 시장을 예측하는 척도다. 비즈니스모델이 표준화된다는 것은 성장 가능성이 높다는 것이다.

먼저 고령화로 인해 나타난 업종을 보자. 대표적인 비즈니스모델이 '시니어다방'이다. 갈 곳 없는 퇴직자들이 노트북을 챙겨들고 즐겨 찾는 곳이다. 일반 카페는 대부분 청년들이라 앉아 있기도 부담스러워 이곳을 주로 찾는다. 우리나라도 강남에 중년다방이 몇 곳 있긴 하지만 아직 태동기로 보인다.

여성전문 피트니스도 그중 하나다. 이 업종은 여성전문이지만 특히 노년 여성의 지지를 받고 있다. 노인들의 체력을 감안해 짧은 시간 동안 꾸준히 할 수 있도록 30분 운동 프로그램으로 짜여져 있다. 일본 프랜차이즈체인협회 자료를 보면 한 업체(카브)는 2019년 현재, 점포 수가 1,800개에 이를 정도로 확대일로에 있다.

노인 도시락배달업도 성장하는 업종이다. 마트를 가기조차 부담스러운 독거노인이 주된 고객이다. 한 조사에 따르면, 70세 이상 노인은 장보기 위해 500m 이상 걸어서 가는 비율이 23%밖에

되지 않는다. 같은 맥락으로 중산층 이상의 노인을 대상으로 한 방문의료 마사지업도 점차 가맹점을 늘려가는 중이다.

이번에는 '1인가구'를 대상으로 전개 중인 프랜차이즈. 우선 일본 1인가구 현황을 보자. 총무성 가계조사 자료를 보면 1974년까지만 해도 4인가구가 14.6%로 가장 많았다. 하지만 1988년에는 2~4인 가구를 재치고 1인가구 비중이 17.8%로 1위에 올라섰다. 당시 1인가구는 유업(有業) 1인가구였다.

2017년에는 무업(無業) 1인가구가 1위(16.95%)가 됐고, 유업(有業) 1인가구가 2위(15.65%)로 내려앉았다. 두 유형의 1인가구를 합하면 32.6%나 된다. 2020년에는 그 비중이 더욱 높아져 35.7%에 이른다. 여기서 '유업(有業)'은 '직장인이거나 자영업을 영위하고 있는 사람'을 말하며, 무업(無業)은 이혼, 사별로 인해 혼자 사는 노인이거나 히키코모리 즉, 은둔형 외톨이 등이다.

이들을 대상고객으로 한 프랜차이즈 업종으로는 '1인불고기 식당'이 눈에 띈다. 주기적으로 육식이 필요한 노인들이지만 일반식당에서는 1인식을 판매하지 않는다는 점에 착안했다. 독서실처럼 가벼운 칸막이를 해 눈치 보지 않고 혼자 식사할 수 있도록 배려했다. 혼술족을 위한 '닭꼬치전문점'도 같은 콘셉트로 시장을 넓혀가는 중이다.

1인식당의 장점은 프라이버시를 지켜주는 조명과 눈치 보지 않은 편안함이다. 음식에만 집중된 부채꼴 조명을 사용함으로써 다른 사람의 시선을 받지 않아도 된다. 마치 독서실과 음식점의 통합모델처럼 보인다. 국내 1인 식당들과 다른 점이라 하겠다.

최근에는 식빵 배달 프랜차이즈도 생겼다. 식생활의 서구화로 조식은 식빵이라는 인식이 커졌고, 특히 씹거나 삼키는 데 부담스러운 노인들에게 부드럽고 단맛을 내는 건강 식빵을 즉시 구워 배달하는 식이다. 부가메뉴로 수프를 추가했다.

1인가구 전문 이삿짐센터도 눈여겨볼 업종이다. 2005년 228개에서 2013년 950개, 2018년 1,300여 개로 늘어났다. 일반 이삿짐 서비스와 다르게 포장이사는 물론이고 주소이전, 각종 사회서비스 계약해지 및 이전에 이르기까지 부가서비스까지 대신해 준다.

싱글들은 이사를 자주하는 것이 특징이다. 실제로 일본은 5년 이내에 이사하는 경우가 30%나 된다. 그래서 이삿짐센터 뿐 아니라 1인가구를 위한 임대정보 서비스업도 각광을 받고 있다.

'노노(老老)케어 서비스업'도 눈여겨볼 필요가 있다. 거동이 불편한 노인 1인가구에 조금 더 젊은 노인을 가족으로 묶어주는 서비스다. 월급으로 주는 경우도 있지만 사후에 일정한 대가를 지불하는 조건으로 같이 사는 경우도 있다. 일종의 사회적 가족을 만들어 주는 일이다.

인구가 감소하면 음식·소매·서비스 등 3대 자영업태 중 요식업은 줄어들고 서비스업이 늘어난다. 일본은 2008년부터 줄기 시작해 2019년 51만2,000명이 자연 감소했다. 우리나라는 2019년 말 5,165명을 정점으로 점차 줄어들기 시작했다. 고령사회 일본의 흐름을 눈여겨봐야 하는 이유다.

팝업스토어
Pop-up Store

소매종말(retailpocalypse). 아마존닷컴, 알리바바 같은 대자본 전자 상거래 플랫폼의 등장으로 입지소매업들이 대거 퇴출되는 현상을 말한다. 스위스의 국제금융 서비스기업인 크레디트 스위스(Credit Suisse)는 지금 남아 있는 미국 상가의 25%가 2022년까지 문을 닫을 것이라고 예측했다.

우리나라 음식점은 60만 개에 달하며 누적 폐업자 비율은 연간 30% 수준이다. 음식점 창업자의 5년 생존율도 29%에 그친다. 일본의 음식점 수도 60만 개다. 폐업자 비율도 연간 30%로 우리나라와 같다. 인구수를 감안하면 우리나라의 자영업 포화수준은 쉽게 짐작할 수 있다.

소매종말, 그리고 대규모 폐업자 수, 여기에다 영업부진으로 심정적 폐업을 원하는 사업자까지 합치면 일시적으로 비워진 점포 수는 상상을 초월한다. 바로 이 틈새를 노려 빠르게 성장하는 비즈니스모델이 있다. 팝업스토어(Pop up Store)가 그것이다.

사례를 보자. 오프라인의 빈 점포를 단기 임대해 팝업스토어를 하는 일본의 '가꼬끄(河谷)셔츠'가 있다. 이 회사는 실제로는 인터넷 쇼핑몰을 운영하는 사업자다. 그런데 왜 팝업스토어를 열었을까? 패션은 소비자들의 니즈가 다양해 인터넷으로는 그 욕구를 채워주기 어렵기 때문이다.

사이즈는 기본이고 질감, 색상 등 모니터로는 확인하기 어려운 경우가 많다. 이러한 욕구충족을 위해 일시적으로 팝업스토어를 연 것이다. 일종의 움직이는 피팅룸인 셈이다. 이렇게 채널 하나를 더 가동하자 매출은 35%가 넘게 올랐고 반품은 제로에 수렴했다. 쇼핑몰 사업자는 고객 분석을 통해 고객 밀도가 높은 지역으로 이동하면서 팝업을 활용하면 크게 도움이 될 듯하다.

'일본술 응원단(Nihonshu Oendan)'은 일본의 각 지방에서 생산된 사케를 모아 팝업을 통해 판매한다. 수입원은 주류제조업체의 후원과 현장 판매수익 등이다. 한정 판매하는 술에다 술잔 세트까지 끼워주면 선물용으로 인기가 그만이다. 주류업체는 홍보를 대신해줘서 좋고, 소비자는 싼값에 덤까지 얹어줘 대만족이다.

팝업스토어의 본고장 런던에서는 자동차 전시장을 팝업으로 활용한다. 이 곳에 와인회사가 들어와 이벤트를 연다. 자동차 고객은 물론이고 인근 주민들에게도 개방한다. 자동차회사는 잠재고객을 끌어들이거나 주민들의 평판이 높아져 좋다. 와인회사 역시 폼 나게 홍보할 수 있어 만족이다.

이러한 팝업스토어는 1990년대 초 런던, 뉴욕 등 선진국에서 플래시 소매점(flash retailing) 혹은 임시소매점(temporary retail)이라는 이름으로 도입되기 시작했다. 용어에서 보듯이 처음에는 소매점 중심으로 확산되다가 2009년부터 음식점으로 확장됐다. 일반적으로 임대기간은 3일~3개월이다. 판매가는 최저가여야 한다는 것이 불문율처럼 지켜지고 있다.

또 다른 사례를 보자. 일본에는 '이동공작소'가 있다. 공작에 필요한 도구들을 풀어놓고 마음껏 사용하게 한다. 일종의 소규모 '메이커스페이스(Maker space)로 보면 된다. 이용자를 끌어오기 위한 이벤트로 해커톤(Hackathon)을 연다. 정해진 작품을 완성할 때까지 시간제한을 두지 않고 경쟁하는 게임형태다. 주로 부모와 함께 오는 어린이들이 많다는 점을 감안하면 젊은 세대가 많이 사는 지역을 선정하는 것이 좋을 듯 싶다.

팝업스토어는 단지 상품을 싸게 파는 것을 넘어 체험을 함께 묶으면 더욱 빛난다. '크레팜(Crefarm)'이 좋은 모델이다. 먼저 고객들에게 제품을 고르게 한다. 머그잔에서부터 티셔츠까지 그림을 새길 수 있는 제품 중심이다. 그런 다음, 그 제품에 새기고 싶은 그림을 그린다. 바로 그 그림을 제품에 프린팅해 주는 서비스모델이다. 1990년대 말, 우리나라에서 잠시 인기를 누렸던 실사프린팅서비스업 같은 모델이다.

'리틀레모네이드'는 파티용품을 팝업으로 판매한다. 여기에 어린이들이 생일 파티를 할 수 있는 공간도 제공해 준다. 파티용품점은 주로 일부 지역에만 있기 때문에 거리상 이용을 하지 못하는 어린이들에게 좋은 기회를 줄 수 있다. 같은 맥락에서 손뜨개 팝업도 고려해보면 좋다. 털실도 팔고, 손뜨개도 지도해 준다면 태교가 필요한 임산부들에게 특히 인기가 있을 것 같다.

사실 팝업은 입지사업에만 적용되는 것은 아니다. '이동편집부'라는 서비스업의 팝업오피스가 일본에 있다. 주로 이미지를 편집해 책으로 낸다. 그런데 재미있는 점은 이미지를 얻기 위해 필요한 지역에다 팝업을 낸다는 점이다. 이미지는 그 동네 사정에 밝은 초보 포토그래퍼들이 발굴한다. 보통 3~4명이 조를 짜 서로 연출도 한다. 이들은 자신의 작품이 책에 실리는 것만으로도 만족한다. 〈KBS〉에서 방영 중인 '김영철의 동네 한 바퀴' 같은 느낌을 준다.

그밖에도 명품수선, 애견미용 같은 서비스 업종이나 수영복, 할로윈상품, 캐시미어 같은 계절상품, 그리고 중고명품, 중고 장난감, 유기농 문신 등 다양한 업종으로 접근할 수 있다.

여기까지는 개별 팝업스토어에 대한 비즈니스모델이다. 그런데 눈을 크게 떠 보면 팝업을 하려는 창업자들에게 빈 점포를 연결해 주는 팝업플랫폼이 필요할 것이라는 생각에 미칠 것이다. 만일 팝업 플랫폼이 활성화된다면 실험 창업자들은 물론이고, 비워진 점포들을 적절하게 활용할 수 있어 계약기간 내 폐업해야 하는 자영업자들에게 큰 도움이 된다. 특히 퇴로가 막혀 있는 자영업자들, 포화시장의 구조조정이 절대적인 시점에서 팝업플랫폼은 자영업 생태계를 전향적으로 바꾸는 혁신모델이 될 것이다.

여성경제

Female Economy

가정용 가구의 94%, 휴가의 92%, 자동차의 60%, 전자 제품의 51%… '여성 구매 결정권' 비율이다. 〈하버드비즈니스리뷰〉에 실린 2009년 설문 결과지만 문화 격차를 생각하면 지금의 우리나라도 비슷하지 않을까 싶다. 여성 전문교육 프로그램인 MBA@UNC도 2028년까지 전 세계적으로 임의 소비지출의 75%를 여성이 통제할 것이라는 예측도 내놨다.

"비아그라를 제외하고 모든 품목에서 여성이 주도권을 쥐고 있다"는 남자들의 볼멘소리가 나올 법하다. 1908년 미국 여성 노동자들이 "빵과 장미를 달라"며 생존권과 투표권 시위를 벌인 게 불과 100년 지났을 뿐인데 경제의 주도권을 여성이 쥐는 시대가 온 것이다.

이에 따라 여성 페르소나, 즉, 여성을 핵심 소비자로 둔 기업들이 여성만을 위한 상품 개발을 더욱 가속화하거나 새로운 비즈니스모델을 다양하게 내놓고 있다. 세계적으로 여성이 소비하는 지출 규모는 36조 달러에 달한다. 가장 인구가 많은 상위 두 나라, 중국과 인도를 합한 것보다 많다. 그만큼 막강한 소비 세력이다 보니 오직 여성만을 대상으로 한 사업이 속속 등장하고 있는 것이다.

기존 산업 가운데는 액세서리 및 신발을 포함한 의류산업이 선봉에 서 있다. 스웨덴의 H&M은 싸고, 재미있고 유행하는 옷을 구매자가 방문할 때마다 다른 패션으로 제공한다. 핵심고객인 여성의 감성을 잡아내기 위해 직원의 약 80%, 샵매니저(Shop manager)의 77%를 여성으로 채용했고, 이사진 중 절반이 여성이다.

피트니스(Fitness) 또한 큰 영역이다. 여성의 약 3분의 2가 과체중이라는 인식을 갖고 있는 미국은 피트니스 시장 규모가 140억 달러에 달한다. 더불어 다이어트 식품시장도 100억 달러 규모에 연간 6~9% 성장하고 있다.

존슨앤존슨(Johnson & Johnson)은 아이를 둔 엄마들에게 신뢰가 높다. 이 회사는 소비자 연구개발에 매출액의 4%를 투자하고 있는데 이는 동종업계보다 2배나 많은 금액이다. 아이가 잠을 푹 잘 수 있도록 소아과 의사와 수면연구가 등을 묶어 임상연구를 하는 등의 노력이 엄마 고객에게 어필하고 있다.

새롭게 부상하는 기업으로는 2011년에 설립된 스티치 픽스(Stitch Fix)가 있다. 이 비즈니스모델은 평균 가격이 55달러 수준인 가성비 높은 패션, 보석 및 액세서리 등을 판매한다. 하지만 여기에 개인 스타일링 서비스를 제공하는 맞춤형 서비스를 채용했다. 개인 스타일링 비용은 커피 네 잔 값에 불과한 20달러다.

유사한 모델로는 트렁크클럽(Trunk club)이 있다. 2009년 창업 당시 미국 벤처파트너스(United Venture Partners)가 이끄는 시리즈A 기금 1,100만 달러를 투자받아 일찌감치 유망한 모델로 인정받았다. 그로부터 불과 5년 만에 백화점체인 '노드스트롬'에 3억5,000만 달러에 인수됐다. 이 회사 역시 구입할 때 트렁크당 25달러의 스타일링 요금이 붙는다. 하지만 고객이 클럽하우스에서 직접 스타일리스트와 상담하는 것은 무료다.

여성전용 카센터도 인기 있는 비즈니스모델이 됐다. 카센터에 가면, 여성 고객들은 차를 이해하지도 못하는 존재로 취급받기 일쑤다. 그래서 일부 카센터의 경우 여성 운전자들에게 남성 운전자들에 비해 더 많은 수리비를 받아내는 경우가 종종 발생한다.

이러한 문제에 대응해 여성친화적 서비스를 더한 모델이다. 이러한 콘셉트는 파리에도 있다. 오토 바디샵(Auto body shop)이라는 여성전용 카센터. 자동차를 수리하는 동안 여성고객은 간단한 바디케어를 받을 수 있다. 매니큐어와 같은 간단한 서비스는 무료.

미네소타의 '시티 걸 커피(City Girl Coffee)'는 로고나 포장지도 여성색깔이라 불리는 핑크색을 쓰는 여성전용 커피샵이다. 고객만 여성이 아니라 여성이 소유하거나 관리하는 커피농장에서 커피를 수입하기도 하는 그야말로 생산·유통·소비 등 경제활동 주체가 여성이다.

여성만을 위한 여행사(byond Travel)도 있다. 주로 예술·음식·문화 등을 테마로 50개국 1,000여 개 여행상품을 취급한다. 분야마다 관련 전문가가 프로그래밍하며 때로는 문화해설사가 직접 에스코트하기도 한다. 더욱 흥미로운 점은 일단 여행하고 난 후에 경비를 지불할 수 있는 상품도 판매한다는 점이다. 그만큼 상품에 대한 자신감이 있다는 뜻이기도 하다.

그렇다면 여성 고객에게 어필할 핵심 마케팅 전략은 무엇일까. 최근 경기침체 여파로 일자리를 잃은 사람의 4분의 3이 남자라는 통계가 있다. 반면에 근로 여성의 수는 매년 2.2%씩 증가하고 있다. 그만큼 자가 구매력도 더 커질 것으로 예상된다. 미국의 한 연구소(Ernst and Young' Groundbreakers)의 보고서에는 이런 대목이 나온다. "여성은 지구상에서 가장 바쁜 사람들이다. 하루에만 약 5,000건의 마케팅 메시지로 폭격을 당하고 있다." 그만큼 정교한 마케팅이 필요하다는 뜻이다.

이 보고서에 따르면, 남성은 소득의 90%를 가족 및 지역사회에 재투자하거나 소비하고 있다. 반면, 여성은 가치를 공유하는 관계적 소비를 하고 있다. 단순히 가성비를 넘어 이웃과 공유할 수 있는 사회적 가치를 줄 수 있어야 한다는 것이다.

여성은 제품이 아니라 경험을 산다. 남들의 쇼핑 경험을 통해 추천된 상품을 사는 빈도가 높다는 얘기다. 그만큼 다른 여성들에게도 영향을 미치는 증식효과(proliferation effect)도 크다. 맘카페나 인스타그램이 쇼핑 추천 채널로 인기를 끄는 이유도 여기에 있다.

남성에 비해 압도적인 구매 결정권을 가진 여성 시장, 앞으로 더욱 커질 것으로 보이는 여성 경제에 대응하기 위한 다양하게 특화된 비즈니스모델을 자주 보게 될 것 같다.

중고

Used Article

1980년대 말, 대한YWCA연합회에서 '아나바다운동'이 시작됐다. 대국민 재활용 운동으로는 국내 최초다. 중고 상품을 기증받거나 저가로 구매해 그 대가로 교환권을 주면, 기증자는 또 다른 중고 상품을 살 수 있게 했다. 이를 더욱 발전시켜 1999년에는 야후코리아와 인터넷을 통한 '아나바다 경매'를 시작했지만 이벤트로 끝났다.

중고시장이 상업적으로 확산된 것은 IMF 구제금융 시기다. 뜻하지 않은 소득 감소로 가계가 어려워지자 가지고 있던 명품을 내다 팔았다. 없어졌던 전당포가 다시 생겨난 것도 이 즈음이다. 팔 수밖에 없는 사람들의 대척점에는 사고 싶은 사람들이 있다. 그로 인해 이들을 위한 중고명품 가게가 하나둘 생겨나기 시작했다. 전당포에 맡기던 사람들이 직접 가게에다 팔았다.

사려는 사람들도 소득감소로 이전처럼 신상품을 사기에는 무리가 따른다. 하지만 톱니효과 즉, '어떤 상태에 도달하고 나면 다시 원상태로 되돌리기 어렵다'는 특성 때문에 중고를 선택하는 소비가 나타난다. 불황기의 대표적인 소비행태다.

비즈니스 탄생 배경을 보면, 일반적으로 사회단체들이 사회문제 캠페인으로 시작해 시장이 확보되면 민간시장으로 넘어가는 패턴을 보인다. 재활용, 즉 중고사업이 좋은 예다. 과거에는 절약정신이 키워드였다면 지금은 환경보호가 그 자리를 채우고 있다는 점만 다르다. YWCA가 이끌고 민간시장이 바통을 넘겨받은 흐름이다.

일찍이 '잃어버린 20년'의 불황을 겪었던 일본은 우리보다 앞서 중고시장이 활성화됐다. 일본 최초의 중고 비즈니스는 1967년 토요타의 중고차 경매로 시작됐다. 당시 토요타는 신차 판매를 촉진하기 위해 도입했지만 민간 소매시장에서의 3R(Recycle,Reuse,Reduce)사업은 불황기가 본격화된 1993년경이다. 1990년대 말에는 리사이클샵이 4만5,000개까지 늘어났다.

어떤 현상이 3년 이상 지속되면 습관이 된다. 일본의 절약소비도 불황시대를 지나면서 소비 습관이 됐다. 이러한 소비층을 빠르게 낚아챈 기업이 일본에서 유일한 유니콘 스타트업인 '메루카리(メルカリ)'다. 중고물품을 사고팔 수 있는 C2C 벼룩시장 플랫폼이 비즈니스모델이다. 2013년 창업해 2016년 흑자전환했고, 최근 상장해 기업 가치를 5조 원대로 올려놓은 기업이다.

전 세계 1억 다운로드를 돌파한 메루카리의 핵심 수익모델은 중고품 거래에 부과되는 10%의 수수료. 이 회사가 급성장한 전술적 배경에는 어린이 벼룩시장을 빼놓을 수 없다. 어린이들을 위해 정기적으로 벼룩시장을 열어 중고물품을 사고파는 학습과 환경교육 효과로 학부모들에게 가치소비의 이미지를 이끌어낸 것이 주효했다.

이에 맞서 2011년에 중고사업에 도전한 'SOU'가 있다. J리거였던 사키모토 사장이 선친으로부터 물려받은 중고명품샵을 경매 플랫폼으로 발전시켰다. O2O 서비스모델로 연간 300억 엔의 매출을 올리고 있다. 메루카리와 함께 도쿄증권거래소 마더스에 상장한 중고비즈니스 선도기업이다.

SOU의 비즈니스모델은 두 가지 점에서 메루카리와 차이를 보인다. 첫째, 메루카리가 인터넷기반 C2C모델인데 반해 SOU는 C2B모델이다. 즉, 수거된 명품을 최종소비자에게 팔지 않고 소매점에 경매로 판다는 점이다. 이는 회전율을 높이기 위한 방법이다. 두 번째는 O2O 전략모델이다. 즉, 온라인 경매를 위해 70개의 오프라인 점포를 함께 운영한다.

그렇다면 SOU는 왜 오프라인 매장을 운영하는 것일까? 일단 수거가 편하다. 효과적인 수거는 중고비즈니스 성공의 핵심요인이다. 다음으로는 구매자가 직접 만져볼 기회를 주기 위함이다. 이를 위해 경매에 붙일 상품을 10일간 매장에 전시한다. 매도자의 접근성을 높이고 구매자의 불만을 최소화하는 전략이다.

더욱 차별화된 전략은 상품의 스토리를 공유한다는 점이다. "결혼 예물로 받아 분신처럼 아껴 썼다"거나 "본사 직영점에서 직접 샀는데, 마지막 제품이어서 가위바위보 해서 샀다"는 등의 스토리를 같이 산다. 이러한 스토리는 다음에 판매할 때도 그대로 전수돼 상품의 가치를 높인다. 즉, 추억을 함께 파는 것이다.

최근 우리나라의 달라진 소비행태가 흥미롭다. 수입차 판매 추이를 보니. 2019년 5월 현재, 누적 판매순위 1위가 메르세데스벤츠 E클래스(14,880대), 2위는 BMW 5시리즈(5,104대). 3위가 렉서스 ES (4,243대) 등이다. 2013년과 비교해 봤다. 6년 전에는 벤츠 전 차종의 합계가 1,143대, BMW(792대), 렉서스는 341대에 불과했다. 국산차의 성장 속도와 비교하면 현저하게 높아진 것이다.

또 하나. 명품시장 주력 소비자가 20대로 바뀌고 있다는 점이다. 20대 명품구매자 비중을 보면 2017년 2분기에는 5.4%에 불과하던 것이 2019년 2분기에는 11.8%로 높아졌다. 같은 기간 구매 건수도 7.5배 성장했다.

이 두 가지 현상의 배경은 무엇일까? 그 사이에 취업률이나 실질소득이 높아진 것도 아니고, 경제전망이 밝은 것도 아닌데 말이다. 그런데 최근 한 독일인이 한국인의 자동차 사용습관을 보고 이해할 수 없는 부분이 있다고 했다. "왜 한국인은 자동차를 사면 비닐을 뜯어내지 않고 불편하게 차를 이용할까?" 정답은 상품을 살 때 '다시 팔기 위해' 사기 때문이다.

이러한 나의 어설픈 생각에 확실한 답을 준 자료가 있다. 언급한 중고플랫폼 메루카리와 미쓰비시종합연구소가 공동으로 프리마켓 앱(app) 이용자를 대상으로 조사한 자료다. 질문 가운데 "신제품 구입 시 향후 매각을 의식하는가?"라는 항목에서, 의류 구입 시 65%, 신품 화장품 구입시 50%의 이용자가 "의식하고 산다"고 답했다.

이 같은 결과를 바탕으로 보고서는 향후 소비자행동이 '소스(SAUSE)' 소비로 바뀔 것이라는 결론을 냈다. SAUSE란 Search(검색), Action(행동), Use(사용), Share(재판매), 그리고 Evaluation(평가)의

머리글자다. 실질소득이 줄고 있음에도 명품 소비가 늘어나는 이
유다.

원포원

One4One

캘리포니아에서 창업한 주식회사 엘(L.Inc)은 저단백질 라텍스로 콘돔을 만드는 사회적기업이다. 지금은 탐폰(tampons), 패드(pads), 라이너(liners)등으로 확대해 주로 여성 위생용품을 생산한다. 이들 제품은 GOTS(Global Organic Textile Standard)의 인증을 받아 염소, 파라벤(Paraben), 향료 등을 쓰지 않는 유기농 면을 사용한다. 포장재도 100% 재활용 가능한 재료를 사용하며 야채에서 추출한 잉크로 인쇄한다.

창업가인 탈리아 프랭클(Talia Frenkel)은 원래 사진저널리스트로, 유엔과 적십자사 등에 근무하면서 르완다, 잠비아 등 아프리카 소녀들이 에이즈(HIV)에 무방비적으로 노출돼 있는 상황을 취재하다가 콘돔회사를 설립하기에 이른다. 시장조사기관 IRI는 이 회사를 미국에서 가장 빠르게 성장하는 여성케어 기업에 이름을 올렸다. '엘'은 2019년 2월 세계적 생활용품업체 P&G에 팔렸다.

'엘'이 성공한 배경에는 원포원(One for one) 비즈니스모델이 기반이 됐다. 고객이 하나를 사면 기업은 다른 하나를 소외계층에 제공하는 비즈니스모델을 말한다. 엘은 전략적 파트너로 아프리카 여성단체와 협력하고 있다.

사실 원포원 비즈니스모델은 엘의 아이디어는 아니다. 창업자 프랭클이 스스로 밝혔듯이 신발업체 탐스슈즈(Toms Shoes)와 안경업체 와비파커(Warby Parker)의 성공사례를 보고 미러링(Mirroring)한 것이다.

그렇다면 원포원 비즈니스모델의 원조인 탐스슈즈는 어떤 기업일까? 이 회사는 블레이크 마이코스키(Blake Mycoskie)에 의해 2006년 캘리포니아에서 설립됐다. 창업자는 휴식차 아르헨티나를 여행 중에 비포장 길을 맨발로 걷는 가난한 어린이들을 보게 된다. 이들이 토양의 기생충이나 상피병 등에 노출되지 않도록 하기 위해 신발을 만들기로 결심한다.

소비자가 한 켤레의 신발을 구입하면 회사가 한 켤레의 신발을 제3세계 어린이들에게 기부하는 일대일 기부 방식을 도입한 것이다. '내일을 위한 신발'이라는 슬로건으로 시작된 이 신발의 디자인은 아르헨티나의 전통 신발인 '알파르가타'에서 영감을 얻었다. 알파르가타의 디자인을 일체형 밑창과 고무 소재를 덧댄 가죽 인솔(insole)을 사용해 착화감을 극대화시켰다. 현재 전세계 70개 이상의 국가에서 100개 이상의 기빙 파트너와 함께 사회공헌 활동을 펼치고 있다.

와비파커(Warby Parker)브랜드로 유명한 잔드(JAND.Inc)도 '하나를 사면 하나를 준다(buy one, give one)'는 비즈니스모델로 성장한 대표적인 기업이다. 탐스슈즈의 원포원 비즈니스모델을 미러링해 2013년 창업했다. 고객이 하나를 사면 하나를 기증하거나 그 금액만큼 안경을 만드는 비영리 단체(Vision Spring)에 생산비용을 지원하는 구조다.

소외계층에 찾아가는 시력검사를 할 수 있는 자원봉사자를 훈련하는 비영리단체와도 협력한다. 잔드는 세계에서 유일하게 온실가스(탄소)를 다시 흡수해 실질 배출량을 제로로 만드는 이른바 탄소중립(carbon neutral) 정책을 채택하고 있다.

안경은 프레임과 렌즈를 포함해 95달러에서 시작한다. 구매 후, 1년 안에 렌즈가 긁히면 무료로 교체해 준다. 구매하기 전에 최대 5개의 제품을 받아 착용해 본 후, 5일 내 반환하면 선택한 제품에 렌즈를 끼워 다시 배송해 주는 'Home-Try-On 프로그램'으로 인기를 끌고 있다.

더 나아가 올해는 혼합현실(Mixed Reality) 앱을 개발해 구매 전에 직접 착용해 볼 수 있도록 하고 있다. 2013년 펜실베니아대 와튼스쿨의 벤처이니셔티브에서 출발한 4명의 공동창업가들은 대부분의 디자인 안경이 극소수의 안경회사에 라이선스 수수료를 주고 있다는 점에 착안해 중개인을 없애고 고객과 직접 거래하는 방식을 택했다.

안경 제품을 원포원 비즈니스모델로 판매하는 또 다른 스타트업으로는 위우드(Wewood)가 있다. 나무를 소재로 한 안경과 시계를 제조·판매하고 있는데 이들은 판매된 숫자만큼 나무를 심는 사회공헌을 하고 있다. 이처럼 같은 업종인 경우, 사회서비스 방법으로 차별화하는 경우도 많다.

잔드(JAND.Inc)와 같은 해인 2013년 뉴욕에서 창업한 양말기업 봄바스(Bombas)도 의류업계의 원포원 비즈니스모델로 성공했다.

홈리스들에게 가장 필요한 것이 양말이라는 점에 착안해 노숙자 커뮤니티에 양말을 지원하는 모델이다. 2019년 티셔츠로 확대하면서 전국의 3,000여 개 파트너들과 협력해 홈리스들에게 2,660만 켤레의 양말과 티셔츠를 제공했다.

스라이브마켓(Thrive Market)은 로스앤젤레스에서 천연 및 유기농 식품을 도매가로 판매하는 온라인 소매기업으로 2015년에 설립됐다. 유기농·비유전자변형 식료품(non-GMO)을 일반소매가보다 최고 50% 할인된 가격으로 판매한다. 다만, 미국의 유통업체 코스트코(Costco)처럼 연간 60달러의 멤버십에 가입해야 구매할 수 있다.

창업 초기에는 50개 이상의 벤처캐피털(Venture Capital)에 투자요청을 했지만 모두 거절당했다. 하지만 스라이브 기부(Thrive Gives) 프로그램 덕분에 데미 무어(Demi Moore), 존 레전드(John Legend) 등의 유명인사들이 투자에 나서자 VC들도 참여해 1억5,000만 달러를 투자받아 성장할 수 있었다. 스라이브 기부(Thrive Gives) 프로그램은 학생, 퇴역군인, 저소득층 가정에 무료 멤버십을 제공하는 프로그램이다. 누구나 신청할 수 있고, 월소득, 정부지원금 등을 검토한 후 가부를 알려준다.

이쯤에서 한 가지 궁금한 점이 생길 것이다. 하나를 사면 하나를 사회공헌하는 모델인데 수익은 남을까? 남을까 싶겠지만 남는다. 소비자의 83%는 사회공헌에 적극적인 기업을 더 신뢰해 록인효과가 크기 때문이다.

코스트코도 처음에는 제품 판매에 따른 중간 이윤에서 수익 대부분이 발생했지만 점차 양상이 바뀌었다. 코스트코가 발표한 2016년 총이익 23억5,000만 달러 중 회원에게 부과한 회비에서 발생한 이익이 자그마치 112%다. 코스트코는 전통적인 슈퍼마켓 소매 비즈니스모델에서는 손실을 입었지만 연회비를 통해 손실을 메우고도 남을 만큼 돈을 벌었다.

탐스(TOMS) 신발은 "무료 신발(또는 다른 종류의 소비자 제품)을 제공하는 것은 신발을 만드는 것을 돕는 대신에 지역 경제를 왜곡시킬 것이다"라는 비판이 있었다. 하지만 판매용 신발과 기부용 신발의 생산기지 분리를 통해 해결했다. 탐스의 기부 예산은 순매출의 0.06%에 불과하다. 기부예산을 마케팅 비용으로 잡는다면 나이키의 170분의 1밖에 들지 않고도 큰 효과를 거둔 셈이다.

언급한 사례들에서 보듯 원포원 비즈니스모델은 다양한 업종에서 도입해 성공을 거두고 있다. 그 배경에는 크게 3가지 핵심전략이 숨어 있다. 첫째, 비즈니스모델의 아이데이션(ideation)은 사회문제에서 출발한다는 점이고, 둘째로는 목표시장이 명확하다는 점, 마지막으로 목표고객이 공감할 수 있는 스토리텔링이 필요하다는 점 등이다.

자본주의 사회에서 가장 큰 문제는 빈부격차 문제다. 더욱이 이번 코로나 바이러스 사태로 격차사회는 더욱 심화될 것으로 보인다. 따라서 원포원 비즈니스모델과 같은 기업의 사회적 동행은 지속성장에 프로펠러로 작용할 것이 확실하다.

케어편의점

Care Convenience store

편의점은 자영업의 대표 업종이라 할 만큼 개수와 시장 규모 면에서 단연 으뜸이다. 우선 아래 〈그림〉을 보자.

来客の年齢階層別構成比(セブン-イレブン)

	20歳未満	20代	30代	40代	50歳以上
1989年度	28%	35%	18%	11%	9%
1992年度	22%	36%	18%	12%	12%
1993年度	23%	37%	19%	11%	10%
1994年度	20%	37%	18%	13%	13%
1997年度	20%	37%	17%	13%	13%
1998年度	17%	35%	20%	14%	14%
1999年度	17%	36%	19%	12%	16%
2001年度	15%	34%	22%	12%	17%
2002年度	13%	31%	21%	14%	21%
2003年度	12%	29%	22%	15%	22%
2004年度	13%	29%	22%	14%	23%
2005年度	13%	29%	22%	14%	22%
2006年度	11%	29%	24%	16%	21%
2007年度	9%	30%	24%	16%	21%
2008年度	9%	25%	24%	17%	26%
2009年度	10%	22%	23%	17%	28%
2011年度	12%	21%	19%	17%	30%
2013年度	10%	19%	21%	20%	30%
2015年度	6%	19%	20%	22%	33%
2017年度	4%	16%	19%	24%	37%
2013年度(人口構成)	18%	10%	13%	14%	45%
2015年度(人口構成)	17%	10%	12%	15%	46%
2017年度(人口構成)	17%	10%	12%	15%	46%

凡例: ■20歳未満 ■20代 30代 ■40代 ■50歳以上

#출처: 일본 편의점 로손(2018)

최근 일본 편의점 '로손'이 자사 고객을 시계열로 분석한 것이다. 〈그림〉에서도 알 수 있듯이 편의점 고객이 갈수록 고령화되고 있다. 20대 고객비율이 1989년 35%였지만 2017년에는 무려 19%나 줄어든 16%에 불과하다. 반면에 같은 기간 50대 이상은 9%에서 37%로 크게 늘어났다.

무엇을 뜻하는가? 당연히 저출산으로 인한 인구감소가 첫 번째 이유겠지만 그보다는 노인들의 건강 저하로 생활반경이 좁아진 이유가 크다. 노인가구는 생필품 외에 특별히 필요한 것도 없을 뿐더러 소소한 일상품들은 대부분 편의점에 있기 때문이다. 대형 마트에 갈 일이 별로 없다는 뜻이다.

다른 시각에서 보자. 미래의 유망산업 가운데 단연 으뜸은 케어(Care) 서비스다. 두 가지 관점이다. 하나는 첨단을 치닫는 기술기반 세상의 반작용에 따른 정서적 문제, 다른 하나는 지구 인구의 고령화다. 고령화로 인한 케어 서비스는 하나의 산업으로 묶기에는 버거울 만큼 크게 확대되고 있다.

케어의 대상시장은 두말할 것 없이 노인이다. 초고령사회의 선두에 서 있는 일본을 보자. 일본에서는 총인구 평균 나이가 47세를 넘었고, 2025년에 65세 이상 인구가 3,658만 명에 이를 것이다. 이는 길거리에서 만나는 사람의 약 30%가 노인이라는 뜻이다.

그래서 등장한 모델이 대표적 입지업종 편의점과 미래형 최고의 유망사업인 헬스케어를 묶은 '케어편의점'이다. 2015년 4월, 일본 편의점 2위인 로손(LAWSON)이 사이타마현 카와구치시에

'개호편의점' 1호점을 오픈했다. 노인에게 맞는 70여 종의 식품과 케어용품 코너를 만들어 차별화했다. 더불어 노인들이 불편해 하는 택배와 쇼핑 대행은 물론 복지상담도 병행하고 있다.

점포 운영은 간호서비스업을 전개하는 업체인 '위드넷(with net)'이 맡았다. 편의점에 케어러가 상주하면서 건강관련 제품을 판매하는 건 기존 편의점과 다를 바 없다. 하지만 노인 커뮤니티의 장이 되는 상담 공간을 확보해 정부에 지원을 받을 수 있도록 신청을 도와주고, 민간 간호서비스로도 연결해 주는 그야말로 '로컬 케어플랫폼'으로 모델링한 것이다.

일본프랜차이즈체인협회에 따르면, 일본의 편의점 수는 2019년 5월 현재, 5만9,000개를 정점으로 점차 감소하고 있다. 그래서 생존전략으로 각 기업이 노리고 있는 것이 편의점 기반 개호서비스다. 초고령사회의 수요를 기대하면서 헬스케어와 택배 등 새로운 분야와도 융합하고 있다. 로손도 고령화에 따른 케어서비스의 필요성에 대응한 차세대 편의점 모델로 치고 나온 것이다.

로손편의점은 비전을 '국민 건강에 기여하는 편의점'으로 전환할 태세다. 간편한 자가건강진단이나 의약품 등 스스로 자신의 건강을 챙기는 '셀프 메디케이션' 상품과 저칼로리 건강지향 식품을 제공하는 '밀 솔루션(meal solution)'을 두 축으로 한다. 이를 위해 병원과 제휴해 간호용품에서 재활용품에 이르기까지 3,000여 종의 의료·위생용품을 취급하기도 한다.

식품도 시니어 영양을 위한 기능식품과 먹기 편한 레토르트 식품 등으로 점차 바뀌어 가는 추세다. 특히 단신 고령자가 먹기 좋은 소량의 반찬을 주로 출시하고 있는데 칼로리 표시나 합성 착색재료를 사용하지 않은 무설탕 식품이라는 점을 부각시키고 있다.

훼미리마트는 늙어가는 편의점시대를 맞아 '약국편의점'을 전개 중이다. 의약품 업체인 '구수리히구치(薬ヒグチ)'와 손잡고 일반 의약품을 24시간 판매하는 편의점이다. 동사는 이미 제약사 13개사와 계약을 맺고 있어 전문성을 갖춘 출점을 가속화하려는 모양새다.

훼미리마트는 한발 더 나아가 노인전문 도시락배달 프랜차이즈 '택배쿡123'을 이미 전개하고 있다. 관동지방에서는 슈쿠토쿠 대학 간호영양학부 감수 아래, 식염 비중 2.0그램 이하의 도시락을 판매 중이다. 보통 도시락은 평균 4.5그램의 염분이 포함돼 있다는 점을 감안하면 절반 이하다. 이 때문에 염분 섭취가 염려되는 고혈압 고령환자들에게 환영받고 있다.

이와는 별도로 택배를 통해 이용자의 안부도 확인해 주는 등 이용자들에게 비상품 서비스를 통해 공동체 안으로 들어가려는 노력도 하고 있다. 그 덕분에 프라이빗(private) 케어 서비스와 시니어 도시락 등의 서비스 향상으로 동사의 영업이익은 최근 5년 연속 사상 최고치를 경신하고 있다. 이렇듯 모든 제품과 서비스의 방향이 고령자를 향하고 있는 것이다.

실제로 이러한 흐름은 올해부터 감지되고 있다. 일본프랜차이즈체인협회가 2019년 5월 발행한 〈통계월보〉를 보면 편의점 내점고객 수는 전년대비 -0.05%인 반면에 객단가는 2.7% 늘어났다. 상품으로 분류하면 더욱 확실해지는데 같은 기간 가공식품은 -1.4%였지만 비식품(3.5%)과 서비스(7.2%)는 크게 늘었다.

지금까지도 편의점은 고객의 요구에 맞는 제품 개발뿐 아니라 공공요금 지불과 ATM 설치 등 시대의 흐름을 재빨리 파악해 서비스를 펼치고 새로운 수요를 발굴해 왔다. 일찍부터 고객과 상품의 정확한 데이터를 확보한 덕분에 체계적인 시장분석이 가능했다. 편의점이 움직이는 방향이 곧 시장의 트렌드라고 봐도 무방한 이유다.

고령화에 따른 건강 정도와 병·의원 이용 빈도 비율을 보면 일본과 우리나라는 큰 차이를 보이지 않는다. 일본의《고령사회백서》(2018)를 보면 65세 이상 노인이 의료기관을 가지 않고 가벼운 의약품으로 해결하는 비율이 45.8%이며 우리나라는 42.2%다. 한편 일본인은 필요한 의료기관과의 거리가 1Km 미만인 경우는 20.8%인데 인구 감소로 갈수록 의료기관이 줄어들고 있어 의료기관과의 거리는 멀어지는 추세다. 일본과 우리나라의 상황이 크게 다르지 않다는 뜻이다.

이제 우리사회는 케어(Care)를 빼놓고 정책과 사업을 논하는 자체가 어려운 시대에 와 있다. 고령사회에서 케어산업의 열쇠는 편의점, 헬스클럽 같은 로컬 오프라인 점포(local offline shop)를 어떤 방법으로 제휴하거나 융합하느냐에 따라 다양한 혁신 업종으로 모델링 할 수 있을 것이다.

IV
해외에서 뜨는
비즈니스모델

실리콘밸리에서 잘나가는 비즈니스모델

스탠퍼드대 동기인 윌리엄 휴렛(William Hewlett)과 데이비드 패커드(David Packard)는 1939년 캘리포니아주 팰로앨토의 허름한 창고에 회사를 차렸다. 글로벌 IT기업인 휴렛패커드(HP)의 시작이다. 이후 반도체칩을 생산하는 기업들이 대거 옮겨오면서 실리콘밸리(Silicon Valley)라는 명성을 얻게 됐다. 1인당 특허 수, 엔지니어 비율, 벤처캐피털 수 등은 세계 최고 수준이다. 도시 인구의 45%가 45세 이하 젊은층인 데다 평균 연봉이 5만 달러 이상인 아주 특별한 도시다.

현재 구글과 애플, 페이스북, 이베이 등 4,000여 개의 글로벌 IT기업이 이곳 실리콘밸리에 진지를 구축하고 있다. 국내 기업인 삼성전자와 SK하이닉스의 미국지사 역시도 실리콘밸리에 있다. 이 때문에 실리콘밸리는 전 세계 첨단산업의 풍향계로 여겨지고 있다.

그렇다면 실리콘밸리에서는 현재 어떤 사업이 뜨고 있을까? 필자는 실리콘밸리의 비즈니스모델 분석을 위해 창업 후 최소 5년 이상 존속한 스타트업의 비즈니스모델 100여 개를 분석했다. 그 결과 크게 4개 키워드로 분류할 수 있었다. 헬스케어(Healthcare)와 네트워크사회, 빅데이터, 그리고 애드테크(Adtech)가 그것이다. 이 가운데 헬스케어는 상당한 전문성이 필요하기 때문에 제외하고 나머지 3개 키워드를 중심으로 소개해 본다.

우선 빅데이터 기반 네트워킹의 새로운 모델을 선보인 링크노베이트(linknovate)가 눈길을 끈다. 이 회사는 수천만 건의 주제별 데이터 소스를 분석해 얻고자 하는 결과를 쉽게 산출하도록 도움을 주는 스타트업이다. 2020년 9월 기준, 2,000만 건의 데이터와 3,200만 명의 전문가, 2억2,500만 건의 토픽이 링크노베이트에 올라와 있다. 실내 위치 측위 시스템과 웨어러블 OLED(유기발광다이오드), 조류 단백질 등 분야별로 첨단인 기술들이 토픽의 주류를 이루고 있다.

머신러닝(기계학습) 스타트업인 디프봇(DIFFBOT) 역시 과학 및 빅데이터를 이용해 기업이 관련 분야의 리더와 네트워킹할 수 있도록 돕는 서비스를 운영 중이다. 단순 웹 스크래핑이나 수동적 리서치 등으로는 원하는 정보를 찾는 일이 번거롭고 시간도 많이 걸린다는 점에 착안했다. AI(인공지능)와 머신 러닝, 자연어 처리 등을 통해 모든 웹페이지에서 필요한 기사나 이미지, 상품 페이지 등을 추출할 수 있는 게 특징이다.

아테나(Athena)는 데이터를 간편하게 분석할 수 있는 대화식 쿼리(query) 서비스를 운영 중이다. '쿼리'란 유저가 모니터에 나타났으면 하는 것을 표출해 주는 컴퓨터언어를 말한다. 구조화된 질의어 즉, SQL(Structured Query Language)을 다룰 수 있는 사람이라면 이 서비스를 통해 신속하게 빅데이터를 분석할 수 있다. 서버리스(Serverless) 서비스이기 때문에 관리할 인프라가 필요없다. 실행한 쿼리에 대해서만 비용을 지불하면 된다.

컨설팅회사인 컨설팅카본라이트하우스(Carbonlighthouse)의 비즈니스모델은 기업의 에너지 낭비를 줄여주는 것이다. 환경 공해를 유발하는 이산화탄소 배출량의 40%가 건설 환경에서 나온다는 점에 착안해 설립됐다. 건물 데이터를 통째로 시각화해 피크타임 에너지를 분산시키는 등의 방법으로 에너지 소비를 줄여 나가는 게 이 비즈니스모델의 핵심이다.

키드앱티브(kidaptive)는 적응형 학습플랫폼(Adaptive Learning Platform·ALP)으로 학습자의 흥미를 유발해 참여도를 높이고 결과를 향상시키는 서비스를 운영 중이다. ALP는 기계학습 알고리즘을 이용해 학습자 데이터를 분석한 후 학습 패턴을 예측하도록 설계된 세계 최초의 클라우드 컴퓨팅 플랫폼이다. 아이들이 게임을 통해 재미있게 공부할 수 있도록 했고, 부모가 참여할 수도 있다. 이들의 미션은 실용적 통찰력과 실시간 적응력을 훈련하는 데 있다.

그런가 하면 모션매스(motion math)는 대화형 비주얼로 수학의 개념을 장난스럽게 가르치는 혁신적인 학습 모델을 제공한다. 시각적인 적응력을 길러주는 게임을 통해 어린이들이 가장 까다롭게 생각하는 교육과정을 마스터하는 데 도움을 준다. 어린이들의 학습욕구를 쉽게 불러와 수학 개념을 빠르게 학습할 수 있게 해준다.

그밖에도 코드HS(CodeHS)는 포괄적인 티칭 플랫폼 서비스로 컴퓨터 과학을 공부하려는 학생과 방문교사의 매칭을 돕고 있고,

'볼러스브리지(Ballers Bridge)'는 운동선수, 특히 농구선수가 되려는 학생들의 역량 고도화와 개인 브랜딩을 지원하고 있다.

이처럼 실리콘밸리의 창업가들은 첨단기술을 기반으로 한 비즈니스모델을 선호한다. 투자자 커뮤니티인 와이콤비네이터(Ycombinator)나 500스타트업(500Startups)에서 공통적으로 나타나는 스타트업 트렌드이기도 하다. 물론 실리콘밸리라고 해서 모두 똑똑한 창업만 하는 건 아니다.

성소수자끼리 네트워킹할 수 있는 플랫폼사업, 해외 TV방송을 볼 수 있는 셋톱박스 서비스, 개인이 작곡한 음악을 업로드해 팔 수 있도록 한 플랫폼 등 다소 엉뚱하거나 레드오션에 뛰어든 경우도 있었다. 물론 이들 사업은 대부분 실패했다. 결과적으로 실리콘밸리 스타트업들은 사회 혁신을 모토로 아이디어를 구현해야 한다는 메시지를 던져주고 있다.

스탠퍼드에서 관심 갖는 비즈니스모델

미국의 명문 사립 스탠퍼드대에는 본교 출신 기업가를 양성하기 위한 비영리 스타트업 액셀러레이팅 기관인 스타트엑스(StartX)가 있다. 2011년 설립 이후 선배 엑셀러레이터가 비즈니스모델 고도화를 지원하고, '데모데이(Demo Days)'를 통해 펀딩까지 참여하는 구조다.

스타트엑스에는 매년 스탠퍼드 학생의 6% 이상이 지원할 정도로 인기가 높다. 그렇다면 이들은 주로 어느 분야의 사업에 관심을 가질까? 최소 5년 이상 존속한 스타트엑스 출신 기업들의 비즈니스모델을 분석한 결과. 전체 창업자의 23%가 헬스케어와 관련된 사업을 진행한 것으로 나타났다. 스타트업 창업을 준비하는 우리나라 청년들이 미러링(mirroring)할 수 있도록 헬스케어 분야에 대한 모델을 선별해 소개한다.

사람의 체내를 무선으로 제어할 수 있는 칩을 개발한 보익스(Boix)가 우선 주목된다. 이 회사는 학문이나 학제간 경계를 넘어, 상호 결합을 통해 생물과학 시스템을 획기적으로 끌어올리기 위해 설립됐다. 즉, 인간의 건강을 위해 엔지니어링, 컴퓨터과학, 물리학, 화학 등의 분야에서 구현된 아이디어를 묶어 통섭(consilience)적 해결책을 찾아내는 것이다.

또 다른 스타트업 아게탁(Agetak)은 다양한 시스템에 분산돼 있는 의료정보를 통합하는 솔루션을 개발했다. 수진자의 의료 기록, 처방전, 요양급여 청구 정보 등을 이해관계자들, 예컨대 다른 클리닉, 약국 및 보험회사들과 공유하도록 한 것이다. 이로 인해 수진자들은 자신의 의료기록을 일일이 복사해 다니지 않아도 원스톱으로 보험 청구까지 가능해졌다.

물론 미국에도 개인정보 보호법인 HIPAA(건강보험 양도 및 책임에 관한 법)가 있어 정보를 통합하기가 쉽지 않았다. 하지만 데이터 수집과 동시에 암호화한 혁신기술을 개발한 덕분에 강력한 보안이 가능해졌다. 즉, 아크(ARC) 기술을 사용하면 자체 데이터를 그대로 활용하면서도 플랫폼에서는 결합된 데이터로 전환이 가능하다.

이 헬스케어 분야 기술은 항공산업, 특히 항공관제에서 영감을 얻었다. 공항도 병원처럼 상호 연결된 시스템과 복잡한 절차 때문에 언제든지 프로세스 오작동을 일으킬 수 있다. 그럼에도 항공관제는 항공기의 이착륙을 안전하게 유도하고 있다는 점에서 알고리즘의 유사성을 활용했다.

이처럼 인류의 보편적 가치를 추구하는 헬스케어가 스탠퍼드 학생들에 의해 다양하게 선보이고 있다. 헬스케어는 원격 진료나 건강 상담을 말하지만 광의로는 질병의 예방과 치료, 건강관리 과정을 모두 포함한 용어다. 위의 사례에서 보듯 최근에는 빅데이터나 IT와 융합된 다양한 케어솔루션이 나타나고 있다.

카렌타(Carenta)는 산모의 자간전증(preeclampsia) 예방과 치료, 그리고 태아 건강을 전문으로 하는 의료기술 스타트업이다. 임산부의 고혈압 장애 중 하나인 자간전증은 다른 고혈압 질환과 구별하기 어렵기 때문에 조기 출산과 산모 또는 태아의 사망을 초래할 수 있다. 미국에서는 연간 100만 명의 임산부가 자간전증과 유사한 증상을 앓고 있다고 보고된다. 이 회사는 임신중독증을 파악하기 위한 혈청 기반 진단 테스트도 개발했는데, 그 가치가 인정돼 최근 임상의에게 특수 진단검사 툴을 제공하는 프로제니티(Progenity)에 인수됐다.

일반인이 접근하기 어려운 혁신기술 창업 모델만 있는 것은 아니다. 메디그램(Medigram)은 의사와 다이렉트로 연결해 주는 메시징 플랫폼을 현재 선보이고 있다. 일반인이 자신의 건강에 관한 질문을 하면 즉시 답변을 얻을 수 있는 서비스다.

샵웰(Shopwell)은 음식과 건강을 주제로 한 푸드테크(Foodtech) 비즈니스모델이다. 사람은 신체 상태가 각기 다른데도 음식 선택은 일반화된 점에 착안했다. 먼저 식품 프로파일을 만들어 제품의 특성을 데이터베이스(DB)화하고 각 제품의 평균치를 산출한다. 소비자는 사고자 하는 제품을 스캔해 식품 프로파일과 일치하는지 확인한 후 구매하면 된다. 물론 사전에 소비자의 신체 상태에 따른 최적화 비율을 등록해야 한다. 예컨대 연령과 성별에 따라 '글루텐 없는 간식'이나 '당분이 낮은 설탕이나 주스'에 이르기까지 좋아하는 요리 목록을 만들고 1점에서 100점까지 점수화한 다음 'Excellent Match(85~100)'된 제품을 구매하는 식이다.

브레스웨어(Breathware)는 뇌와 신체의 건강을 개선하기 위해 호흡방법을 바꾸는 서비스를 제공하는 스타트업이다. 동사 제품의 대부분은 수면 무호흡증 및 수면 관련 질환 관리를 돕기 위해 개발했다. 그런가 하면 애널리틱스md(analyticsmd)는 병원의 업무를 간소화할 수 있는 소프트웨어를 개발한 스타트업이다. 환자의 흐름을 실시간으로 모니터링해 관리함으로써 최적의 직원만으로도 만족할 만한 서비스를 해낼 수 있게 했다.

　이처럼 오래, 그리고 건강하게 살고 싶은 인간의 욕망을 담은 혁신 기술들이 기존 의료 환경과 결합해 새로운 비즈니스모델을 만들어내고 있다. 물론 우리나라에서도 유사한 모델로 도전한 사례는 많다. 그럼에도 상용화되지 못한 이유는 개인정보 보호법과 의료인들의 닫힌 마인드가 장애가 되고 있다. 정부와 의료계의 전향적인 마인드 전환을 기대해 본다.

슬립테크

Sleep Tech

블라인드와 커튼 등을 제조하는 영국의 힐라리스(Hillarys)는 최근 전 세계 트위터(Twitter) 사용자들을 표본으로 불면증 실태를 조사해 발표했다. 심야에 불면증 관련 단어를 트윗하는 비중을 분석한 것인데, 그 결과 미국이 가장 높았고, 브라질, 영국, 멕시코 등이 뒤를 이었다. 아시아권에서는 싱가포르, 일본, 한국이 상위에 올랐다. 야간 불빛과 SNS의 영향으로 '잠을 잊은 사람들'이 점점 늘어나는 추세다.

일본의 닛케이BP연구소에 따르면, 수면시간이 부족하면 치매 발병의 원인이 되며, 공포, 슬픔 등의 감정이 해소되지 않는다고 한다. 면역력을 낮추는 부작용도 있다. 특히, 수면시간이 6시간 미만일 경우 4.2배, 5시간 미만이면 4.5배 더 높다.

2011년, 버클리대와 도쿄 의과대학이 공동 연구한 자료에서도 REM수면 중 감정이 제어됨을 소개했다. 수면 전후를 비교하면 공포, 슬픔은 현저하게 감소하고 행복은 한층 높아진다. 이처럼 수면은 정신건강에 지대한 영향을 끼친다.

수면을 돕는 기술 슬립테크(Sleep+Technology)가 주목받는 이유다. 세계 최대 가전전시회 CES(Consumer Electronics Show)에서도 슬립테크관이 생길 정도로 글로벌기업들의 관심 산업으로 떠올랐다. 참여기업의 주요 카테고리를 보면 숙면을 돕는 매트리스, 건강추적기(health trackers), 숙면을 돕는 음악 등 다양하다. 먼저, 매트리스를 보자.

'레스트베드(ReST Bed)'는 사용자의 자는 위치를 감지하고 매트리스의 실시간 조정기능을 갖췄다. 머리, 어깨, 등, 엉덩이, 다리 등 5개 신체 영역을 인체공학적으로 설계해 개인화 서비스를 실시간으로 해준다. 여기에다 수면의 질에 대한 데이터를 수집해 점차 나은 수면방법을 제안하는 방식이다.

바보쿠시(babocush)는 아기를 위한 매트리스를 개발했다. 마치 엄마가 아기를 배 위에 안고 자는 듯한 모형이다. 부드러운 진동에다 심장박동을 느낄 수 있도록 자궁의 분위기를 재현한 것이 특징이다. 특히, 조산아는 복통과 역류가 발생하기 쉬운데 이러한 증상을 완화시키는 데 도움을 준다.

다음으로 건강추적기(health trackers)중 하나인 수면평가 웨어러블 분야다. 특히 전 세계 10억 명이 넘는 무호흡증(OSA) 환자에 대한 스타트업들의 도전은 시장 크기만큼이나 치열하다. 수면무호흡증은 수면 중 호흡이 멈춰 정상적인 산소 공급이 되지 않는 병이다. 코골이와 치매, 뇌기능 저하, 고혈압과 당뇨 등 다양한 질환의 원인으로 알려져 있다.

베더(Beddr)가 개발한 슬립튜너(SleepTuner)는 우표 크기만 한 작은 밴드를 이마에 붙인 다음 스마트폰에서 앱을 다운로드해 동기화하면 바로 작동되는 구조다. 이마는 수면에 필요한 데이터를 수집하는 데 이상적인 지점이라는 점에 착안했다. 이렇게 수집된 정보를 통해 혈류, 산소 정도, 수면 자세 등을 측정해 보고서를 제공한다. 이 보고서는 병원에서 치료를 받을 때 요긴하게 쓰인다.

브레스심플(BreatheSimple)은 호흡을 스스로 훈련하도록 돕는 앱(app)이다. 호흡 방식을 제어하는 것은 뇌라는 점에 착안했다. 즉 새로운 경험, 도전 심지어는 신체 상해까지도 뇌가 새로운 신경 경로를 만들거나 기존 경로를 재구성하도록 자극한다는 것이다. 따라서 인간의 두뇌가 경험에 의해 변화되는 능력, 즉 신경가소성(Neuroplasticity)을 통해 두뇌를 재 프로그래밍함으로써 호흡 개선 효과를 얻게 된다.

아기를 위한 수면추적기, 내닛플러스(Nanit Plus)도 흥미롭다. 오버헤드 HD카메라가 아기의 수면 패턴, 부모 방문, 실내 환경 등을 추적해 과학적인 수면 가이던스를 제공한다. 아기 신체에 전자 장치나 센서를 부착하지 않고도 호흡과 동작을 실시간 추적이 가능하기 때문에 아기 건강에 무해하다.

이번에는 숙면 지원 음악을 보자. 어댑티브사운드테크놀러지(Adaptive Sound Technologies, Inc.)가 개발한 수면음향기기는 숙면을 위해 맞춤형 소음을 제안한다. 일반적으로 숙면을 위해서는 백색소음이 필요하다고 말하지만 실제로는 제각각 다르다는 것이다. 백색소음이란 라디오 주파수가 맞지 않아 나는 '지지직' 하는 소리처럼 일정한 스펙트럼을 가진 소음(Noise)을 말한다.

예컨대, 백색소음보다 주파수가 낮은 핑크소음은 강우나 바람

소리가 대표적인데 진정효과가 크며, 브라운소음은 집중효과가 크다는 것이다. 한국산업심리학회 연구에 따르면, 백색소음은 집중력 47.7%, 기억력 9.6% 향상 효과를 가져다준다고 돼 있다. 요즘 유튜브에서 '자율감각 쾌락반응(ASMR)'이 인기 있는 이유이기도 하다.

또 다른 슬립테크 모델로 Somnox의 슬립로봇(Sleep Robot)을 빼놓을 수가 없다. 기존 바디필로우(body pillow) 같은 건데, 지능형 센서 네트워크를 사용해 수면주기에 따라 적절한 순간에 호흡 속도를 조절해 주는 로봇이다. 핵심 기능은 시뮬레이션된 호흡 능력이다. 안고 있으면 마치 배로 숨을 쉬는 것처럼 팽창하고 수축한다. 즉, 호흡동기화를 통해 숙면을 지원하는 기술이다.

2016년, 랜드유럽 (Rand Europe)의 자료에 따르면, 미국 근로자의 3분의 1은 잠자는 시간이 7시간 미만이라고 한다. 이로 인해 총 120만 일(day)을 손실하고 매년 약 2,200억 달러의 손해로 미국 경제를 갉아먹는다고 보고했다.

크레디트카드(CreditCards.com) 보고서는 미국인의 65%가 돈걱정 때문에 불면증에 시달린다고 소개했다. 윌리엄스칼리지 매튜깁슨(Matthew Gibson)과 샌디에고 캘리포니아대 제프리 슈레더(Jeffrey Shrader)의 2016년 논문에서는 밤에 한 시간씩 수면을 늘린 사람들은 임금이 5% 증가했다고 했다. 불빛과 SNS의 영향에 돈걱정까지 더해져 잠 못 이루는 사람들은 갈수록 늘고 있다. 이제 우리는 잠도 기술에 의존하는 시대가 된 것 같다.

홈매니지먼트
Home Management

얼마 전 SNS에 "가정에서 잔기술이 필요한 서비스가 있으세요?"라는 질문을 올렸다. 다양한 댓글이 60여 건 올라왔다. 전선 깔끔하게 다듬기, 하수구 뚫기, 화분 분갈이, 전등 갈기, 버리는 가구 내려주기, 화장실 청소, 주방기구 내부청소, 냉장고 청소, 옷장 정리 등이다. 집안일에 외부지원이 많이 필요하다는 것을 쉽게 짐작할 수 있었다.

이러한 잔일을 대신 해주는 홈매니지먼트(Home Management) 사업 모델이 떠오르고 있다. 우리말로 '가정관리' 정도로 해석할 수 있다. 가정생활의 편익을 위해 필요한 시간관리, 자산관리, 가족관리, 가정생활 설계 등 가정경영을 위한 제반 서비스를 대신해 주는 영역을 말한다.

홈매니지먼트 비즈니스모델이 각광을 받게 된 계기는 미국 '살림의 여왕' 마사 스튜어트(Martha Stewart)의 영향이 컸다. 그녀는 93년부터 《마사스튜어트 리빙》(Martha Stewart Living)이라는 출판물이 히트함에 따라 TV프로그램 진행자로 인기를 얻었다. 그 인기를 바탕으로 요리, 원예, 수예, 실내장식 등 생활 전반의 라이프스타일을 제안하는 라이프 코디네이터로 자리 잡았다. 1999년, 설립한 회사(Martha Stewart Living Omnimedia)는 뉴욕증권거래소에 상장하기에 이른다.

이러한 홈매니지먼트 사업은 크게 두 가지 유형으로 구분할 수 있다. 하우스키핑(housekeeping)과 하우스홀드(household)영역이 그것이다.

하우스키핑은 생산적 시간 소비를 기대하는 주부들의 일을 대신해 주는 영역을 말한다. 단순한 근육노동은 다른 사람에게 맡기고 그 시간을 자아계발, 사회참여에 투자하려는 가치제안이다. 대표적인 업종이 대행업이다. 청소 대행, 장보기 대행, 예약 대행, 구매 대행, 욕실 리폼 등 특화된 업종들이 있다. 특히 청소대행업은 미국, 유럽 등에서 꾸준히 인기를 얻고 있다. 서비스마스터, 재니킹 등의 브랜드는 단순한 청소를 넘어 청소 분야를 다시 8가지 분야로 특화해 가맹점 모집에 들어간 곳도 있다.

반면에 심적 서비스 영역인 하우스홀드(household) 업종으로는 재테크를 지원하는 자산관리(asset)서비스업, 환자를 위한 '가정출장 의료서비스업', 자녀와 운동을 같이 해주는 '코치맨(Coachman)' 파견과 같은 업종을 들 수 있다. 미국의 대표적인 자산관리서비스 기업으로는 '인바이티드홈(InvitedHome)'을 들 수 있다. 리스팅 최적화(Listing Optimization)를 통해 자산운용, 유지보수, 세금 등을 세심하게 관리해 수익을 극대화해 준다.

그밖에도 독거노인을 돌봐줄 동거파트너를 주선하는 펠로우십(Fellowship) 서비스, 가정회계 서비스, 진료비 검증 서비스까지 다양하다. 그밖에도 출장요리사 파견, 홈메이드 파견, 보안(security)

서비스 등이 있다.

샌프란시스코 등 일부 지역이지만 미국에는 '집사(Butler)'를 채용하는 가정도 늘고 있다. 집안의 뒷일을 처리해 주는 사람인데 운전, 전화수신 같은 단순 업무에서 뉴스 클리핑, 생활정보 검색 및 가공, 공공업무 대신하기 등의 지식이 필요한 일까지 맡아 해주고 있다. 일종의 홈케어(Home care) 전문가라고 보면 된다.

자녀교육과 관련해서는 1998년에 설립된 미국의 '패스트렉키즈(FasTracKids)'같이 취학전 아동의 지능계발 교육사업이 좋은 비즈니스모델이다. 커리큘럼은 예술, 천문학, 생물학, 지리학, 문학 등 다양하게 짜여 있는데 주입식 교육이 아니라 발표력과 대화 능력, 그리고 리더십에 중점을 둔다.

요즘 꽤 잘나가는 미국의 '세이프 매터즈'는 어린이 안전서비스 업체다. 이 사업은 부모와 상담을 통해 어린이 안전에 대한 모든 조치를 취해주는 사업모델이다. 예를 들면, 서랍과 식탁모서리, 전열기와 룸의 전기코드 등을 점검하거나 표백제나 세제가 어린이 손에 닿을 위치에 있는지, 계단이나 창문 등이 안전한 지 등에 대해 세심하게 체크해 준다.

'노인방문 위클리서비스업'도 추천한다. 자녀로부터 의뢰받아 주말에 한 번씩 독거노인을 방문, 저녁을 직접 해드리는 서비스다. 같이 식사하면서 부모의 근황을 듣고 멀리 사는 자녀에게 소식을 전해주는 서비스다. 노인유치원은 8배수 투자자 모집이 하루 만에 끝날 정도로 인기업종이 됐다.

반려견과 관련해서는 강아지 운동대행, 강아지 목욕탕, 여행 중

위탁돌봄사업 등을 들 수 있다. 특히 강아지위탁돌봄사업은 일본 하네다공항 길목과 홍콩 외국인 거주지역 등에서 확인했다. 비싼 데도 예약이 대체로 한두 달 전에 마감될 정도로 인기였다. 우리나라도 공항 가는 길목에서 도전해 볼 만한 아이템이다.

이러한 홈매니지먼트 시장 확대는 로드샵에도 영향을 미쳤다. 가정관리 상품을 전문으로 파는 편집매장이 많아진 것이다. 대표적인 브랜드로는 미국형 홈케어 아웃렛 '크래이트 앤드 배럴(Crate & Barrel)', 유럽 스타일 가정관리용품점 '댄스크(Dansk)'를 비롯해 선(禪)을 기반으로 한 '어스새이크(earthsake)'에 이르기까지 취향에 따라 선택의 폭이 다양하다.

언급한 업종, 혹은 비즈니스모델 들 중 상당수는 이미 우리나라에도 있다. 하지만 지금부터 성장기로 접어들 것으로 보이기 때문에 뛰어들 여지가 많다. 통상 서비스업 생태계는 1인당 국민소득에 영향을 많이 받는다. 미국에서 홈매니지먼트 사업이 성장기를 맞았던 90년대 후반, 미국의 1인당 국민소득은 지금의 우리나라와 비슷한 3만2,000달러 수준이었다. 홈매니지먼트 비즈니스는 지금이 바로 적기다.

팜므테크

FemTech

매년 3월 첫 2주간은 여성주간으로 대부분의 여성단체가 많은 행사를 치른다. 8일이 '세계 여성의 날'이기 때문이다. 특정 그룹을 기념하는 날로 지정하는 것은 대체로 사회적 약자인 경우가 대부분이다. 돌이켜보면 여성의 참정권이 인정된 시기가 얼마 되지 않았다. 미국에서는 1920년에 여성의 투표권을 인정했고 영국은 1928년, 우리나라와 일본은 1945년에 참정권이 인정됐다.

불과 100년 만에 여성이 중심소비자로 거듭난 시대로 접어들었다. 영국 총리 마가렛 대처가 말한 대로 "무언가를 하고 싶다면 여자에게 물어보십시오"인 시대로 접어든 것이다

이처럼 여성이 소비주권을 갖게 됨에 따라 기업들은 여성의 구매 욕구를 견인하기 위해 심혈을 기울이고 있다. 그러나 이는 소비선택권자로서일 뿐 여성만을 위한 상품 개발에는 여전히 미흡하다. 예컨대, 가전제품을 선택하는 데는 여성의 기호를 우선하지만 폐경기, 골반 및 자궁관리 같은 생식건강에 대한 고도화가 잘 이루어지지 않고 있다는 뜻이다.

이에 따라 최근 여성만을 위한 서비스모델이 주목을 받고 있다. 기존 제품에다 기술을 입힌 이른바 팜므테크(FemTech) 비즈니스모

델이 그것이다. 팜므테크는 생리통·불임·산후건강·폐경 등 여성만의 건강 문제를 기술을 활용해 여성문제를 해결하는 솔루션을 말한다.

가장 관심을 끄는 분야는 폐경기(menopause)의 여성건강 지원서비스다. 여성의 80% 이상이 폐경기로 인해 불안·우울증·편두통(brain fog)·얼굴 홍조 등을 겪는다. 하지만 그 가운데 75%는 치료조차 받지 않는다.

이에 따라 미국의 제네브(gennev)는 가까운 의사와의 상담 결과에 따라 각 분야 전문가를 연결해 개인화 서비스를 지원한다. 월 25달러의 구독서비스로 여성의 영양·수면·운동·스트레스 관리 등을 가까운 전문가와 연결해 준다. 스카이프(Skype) 혹은 페이스타임(Facetime)을 비대면 채널로 활용한다. 특히 얼굴 홍조(hot flashes), 질 건조증(vaginal dryness), 불면증 등에 솔루션을 제공한다.

샌프란시스코에서 창업한 얼라이브코어(Alivecor)는 인공지능을 결합한 신용카드 크기의 메디컬 디바이스(device)를 개발했다. 처음에는 이 장치에 30초 동안 손가락 끝을 올려 심혈관(ECG) 판독값데이터를 의사에게 전송하는 방식이었다. 하지만 이제는 400만 개의 혈청 칼륨 값에 연결된 200만 개의 심혈관 데이터를 AI가 분석해 의사의 도움 없이도 94%의 정확도를 보이고 있다.

심혈관 질환으로 갑작스런 사망에 대응하기 위한 사전징후를 분석해 제공하는 것이 목적이다. 전통적으로 심혈관 데이터는 사람(person)의 데이터를 조사했기 때문에 왜곡될 가능성이 높아서 여성의 데이터를 집중적으로 분석해 이룬 결과다.

넥스트젠 제인(NextGen Jane)은 여성 신체의 생물학적 변화를 추적해 자율적으로 건강을 관리할 수 있는 스마트 탐폰(tampon) 시스템을 개발했다. 탐폰을 2시간 동안 착용하게 한 후, 수집해 자궁내막증을 예방하도록 지원한다. 탐폰은 질에 삽입하는 원통형으로 돼 있는 생리대이며, 자궁내막증은 자궁의 임상상황에 따라 자칫 불임으로 이어질 수 있는 골반통을 말한다. 이 스타트업은 최근 시리즈A(900만 달러)를 투자 받았다.

모던 퍼틸러티(Modern Fertility)는 임신을 원하는 여성을 위한 호르몬검사 서비스를 목적사업으로 하고 있다. 병원에 가지 않고도 간단한 테스트로 가임기간을 알 수 있고, 필요하면 실시간으로 출산전문 간호사와 상담할 수 있다.

난자동결(egg freezing) 및 보관을 주력사업으로 하는 스타트업은 꽤 많다. 대디(Dadi), 익스텐드 퍼틸러티(Extend Fertility), 퍼틸러티 아이큐(FertilityIQ) 등이다. 이들 기업은 ▨도 제어가 가능한 수집키트를 집으로 보내 비대면으로 채취한 후, 분석보고서를 발송하는 대가로 200~500달러를 받는다. 만혼이 일반화되다 보니 임신할 확률이 낮아 난자를 냉동보관 했다가 사용하기 위함이다. 실제로 40세의 여성이 25세 여성보다 불임 확률이 5배 높다는 보고도 있다. 일본에서도 최근 이 비즈니스모델을 미러링한 스타트업인 스톡(Stokk)이 첫 선을 보였다.

우리나라도 일부 병원에 난자동결 서비스가 있다. 하지만 병원에 가야 채취할 수 있는 구조라 대부분 가기를 꺼린다. 이 문제를 해결하기 위해 기존 서비스에 기술을 붙였다. 즉, 대면하지 않고도 집에서 채취해 '캡슐'로 보내면 불필요한 내용물을 제거한 후 냉동보관하고, 그 품질을 보고서로 보내주는 것이다.

그밖에도 유방암 감지 웨어러블 브라를 개발한 미국의 에바테크, 성욕이 떨어진 여성의 성욕촉진 식품을 개발한 로지(Rosy), 그리고 IoT형 태아모니터 분만 감시 장치를 개발해 원격으로 태아의 건강 상태를 모니터할 수 있게 한 일본의 '멜로디아이(Melody I)' 등이 있다. 직장여성을 위한 모유운송 서비스, 불규칙한 월경 주기를 바로 잡아서 관련 상병을 예방하는 서비스 등도 팜므테크 비즈니스모델로 자리 잡았다.

하지만 걸림돌이 있다. 여성의 민감한 문제여서 소비자는 물론 투자자들도 부끄럽게 여기기 때문이다. 실제로 일본은 여성전용 상품을 '수치(羞恥)상품'이라고 표현하기도 한다. 그래서 나타난 흐름이 팜므테크 투자를 전담할 CFO로 여성을 채용하는 기업이 늘고 있다.

과거에 상영돼 인기를 끌었던 영화 〈빅〉(Big)에서 장난감회사에 어린이(톰 행크스 분)가 임원으로 채용돼 크게 성장했듯이 투자기업(VC)들이 여성을 임원으로 채용해 이른바 "여성의 여성에 의한 여성을 위한 '팜므테크시대를 견인하려는 시도다. 여성을 페르소나(persona)로 한 비즈니스모델. 이제 그 타이밍이 다가오고 있다.

그린

green

2020년 5월 12일, 문재인 대통령은 국무회의 비공개 토론에서 포스트코로나시대의 전략사업으로 그린 뉴딜을 처음 언급했다. "그 자체로 많은 일자리를 만들 수도 있고, 국제사회도 그린 뉴딜에 대한 한국 역할을 적극적으로 원하고 있다"고도 했다.

하루 뒤, 삼성 이재용 부회장과 현대자동차 정의선 부회장이 만났다. 삼성SDI 천안사업장에서다. 이곳은 자동차용 배터리를 생산하는 공장으로 차세대 전고체(電固體) 배터리를 개발하고 있다. 우연인지 모르지만 언급한 두 뉴스는 절묘하게 겹친다.

2017년 기준, 우리나라는 탄소배출국 순위 7위다. 국제사회가 '한국의 역할'을 요구할 만한 수준이다. 세계적으로 자동차에서 뿜어내는 탄소는 49억 톤으로 전체 배출량의 9%(2018)에 달한다. 자동차는 철강, 시멘트와 함께 탄소배출의 책임에서 자유로울 수 없다. 수소차와 배터리는 탈탄소의 미래를 끌어갈 핵심기술인 것이다.

그렇다면 왜 그린뉴딜이 포스트코로나시대에 화두가 되고 있을까?

전염병이 기후변화로 인해 발생했기 때문이다. 전염병의 빈번

한 출현은 기후변화가 원인이며, 이는 화석연료의 무절제한 사용에서 비롯된다. 인간이 사는 땅이 20세기에는 지구의 14%에 불과했으나 오늘날에는 77%에 이른다. 이로 인해 200종이 넘는 야생동물이 인간사회로 이동했고, 그 결과 에볼라, 사스, 지카에 이어 코로나19까지 출몰한 것이다.

따라서 이번과 같은 세계적인 록다운 사태를 다시 겪지 않으려면 그린정책이 절실하다. 문재인 대통령은 대표적인 사업으로 '노후 건축물의 그린 리모델링'을 제시했다. 여기에 재생에너지 산업, 수소전기차 같은 이동수단, 농림·축산업 등에서도 추가로 구체화할 것이다.

'노후건물의 그린 리모델링'으로는 스마트시티와 인텔리전트빌딩(Intelligent Building)이 선두에 설 것으로 보인다. 인텔리전트 빌딩은 고도의 정보통신기능이나 사무실을 쾌적하게 하는 자동제어 시스템을 갖춘 첨단정보 빌딩을 말한다. 일반적으로 건물은 40%의 에너지와 76%의 전기를 소비한다. 우리나라 에너지는 화석연료에서 68%를 생산하고 있다. 재생에너지 비율은 불과 7.6%뿐이다. 그린 리모델링이 필요한 이유다.

지금까지는 글로벌 이슈와 큰 경제 위주로 언급했다. 그렇다면 작은 경제에서 창업가들은 그린뉴딜에 기반해 어떤 비즈니스모델로 접근하는 것이 유리할까? 스타트업이라면 촉매기술이나 그린테크(greentech) 등에 관심을 가질 필요가 있다.

네덜란드의 필드팩터(Field Factors)는 빗물 재사용 솔루션 '블루블로그(blueblog)'를 개발해 1억 유로를 투자 받았다. 표면의 빗물을

95%까지 수집해 하수구에서 분리하면 바이오필터가 정제한다. 공간이 부족하고 표면이 포장된 도시지역에 최적화된 기술로 주로 운동장, 잔디밭 등에 관개(irrigation)용으로 사용된다.

스위스의 무트랄(Mootral)은 가축의 폐기물과 메탄 배출을 줄이는 프로그램을 개발했다. 이 프로그램을 채용하면 동물의 폐기물과 메탄을 30% 이상 줄일 수 있다. 실제로 소, 염소 같은 반추동물의 소화과정과 배설물에서 뿜어내는 메탄가스는 이산화탄소보다 온실가스 배출량이 의외로 많다. 빌 게이츠가 "소가 한 국가라면 중국과 미국에 이어 온실가스(GHG) 배출량 3위"라고 할 정도다. 농림업 온실가스의 2/3가 목축에서 나온다.

그린비즈니스가 큰 기업과 스타트업에만 기회가 있는 것은 아니다. 자영업에서도 얼마든지 아이디어를 얻을 수 있다. 3R비즈니스가 좋은 예다. 일반적으로 선형경제에서는 원자재 → 생산 → 사용 → 폐기 등의 단계를 통해 소멸된다. 하지만 순환경제로 넘어오면 생산단계에서의 발생억제(Reduce), 폐기 전 단계에서의 재사용(Reuse), 재생이용(Recycle) 등이 필요하다. 그 첫 글자를 따 '3R비즈니스'라고 한다.

3R비즈니스 시장을 크게 나누면 렌탈사업, 재활용사업, 리필 관련 사업, 대여사업 등으로 구분된다. 대표적인 업종으로는 '명품패션 재활용사업'이 있다. 명품을 렌탈하거나 약간의 손질을 통해 재판매하는 사업인데 싫증나거나 체형이 달라진 경우, 혹은 경제 상황이 어려워져서 내놓은 물건들이다. 우리나라에서도 IMF 금융위기 때 명품만 취급하는 전당포가 등장하기도 했다.

구제(舊制)의류 전문점도 유망업종이다. 서구에서는 사자(死者)의 옷이 가장 인기인데 그 사람보다 더 오래 산다는 속설 때문인 듯하다. 이 가운데 특히 청바지는 대표상품에 속한다. 처음 구제 청바지가 유행할 때는 실제로 재활용상품들이었지만 나중에는 일부러 제조과정에서 구제청바지처럼 만들어지기도 했다.

이러한 3R사업을 창업하기 위한 조건으로는 첫째, 포화상품이어야 한다. 즉 순환에 어려움이 없을 정도로 많이 생산되고 많이 소멸되는 제품이어야 하는 것이다. 둘째, 라이프사이클이 짧아야 한다. 어린이 의류가 대표적이다. 셋째, 고가제품이어야 한다. 값이 싸면 차라리 약간 더 보태서 신제품을 사기 때문이다.

리페어(repair)사업으로 도전해 볼만하다. 자전거 수리, 핸디맨 (Handyman), 기술기반 제품 수리(Tech Refurbishing)처럼 기술이 필요한 사업이 유망하다. 장난감병원, 옛날 책 복원과 같은 사업도 도전해 볼만하다. 특히 장난감병원은 아이들이 장난감을 오래 간직하고 싶어하는 습성이 있어 멀리서 찾아오기도 한다.

제조업체의 재고를 기반으로 렌탈사업을 시도해볼 수도 있다. 요즘 코로나19 여파로 기업마다 재고가 쌓여가고 있다. 이런 경우, 렌탈이 가능한 상품은 사모펀드(PEF)들이 투자를 해주기 때문에 유통에 애로가 있는 제조업체라면 검토해 볼 필요가 있다.

자영업자들도 그린마케팅으로 위기를 벗어날 방법을 찾아야 한다. 재활용 가능한 포장지를 사용한다거나 그린카드를 만들어 소비자 보상 프로그램을 가동하는 등의 방법이다. 또한 가능한 한 에코제품을 사용해 지성소비자의 관심을 끄는 방법도 좋다. 예컨대 미용실에서 천연 샴푸와 컨디셔너 같은 제품을 사용하는 것과 같은 이미지전환이 필요한 시점이다.

자본주의의 핵심가치인 경제성장이 화석연료를 태워 이루어지고 있고, 이는 자연 파괴로 이어져 기후변화를 몰고 왔다. 그로 인해 삶의 터전을 잃은 동물들이 인간사회로 넘어왔고, 이는 경험하지 못한 다양한 바이러스 출현을 불러왔다. 이를 극복하기 위해서는 기본적으로 친환경산업으로의 전환이 요구된다. 포스트코로나시대, 창업자들도 그린비즈니스를 통해 성공 기회를 잡을 수 있을 것이다.

애그테크

Agtech

1992년 일본을 방문했을 때, 포인트 일기예보를 민간사업자가 하고 있어서 색다른 느낌을 받았다. 당시 우리나라의 날씨정보는 기상청이 독점하고 있어서 사업화하기가 불가능한 시점이었다. 일본의 포인트 예보는 1988년부터 주로 낚시, 골프, 서핑 등에 적용하고 있었다. 반면 한국은 1997년부터 민간에서 날씨정보를 제공하고는 있지만 스타트업에게는 여전히 접근이 어려운 서비스였다. 최근 기상청이 기상정보 기반 스타트업을 육성하려는 움직임을 보인 점은 다행스러운 일이다.

세계 경제의 80%는 직·간접적으로 날씨의 영향을 받고 있으며, 국내총생산(GDP)의 10%가량이 직접적으로 날씨의 영향을 받는다. 그동안 날씨는 농업, 어업, 스포츠 등 일부 산업에 제한적으로 활용됐으나, 오늘날에는 산업 전반에서 다양하게 이용되고 있는 것이다. 날씨 정보는 미국에서 1940년대부터 시작됐다고 알려져 있다.

스웨덴의 스타트업인 이그니티아(Ignitia)는 기후에 민감한 농산물을 생산하는 농부들에게 일기예보를 서비스하는 비즈니스모델이다. 이 회사는 개발 기관, NGO, 농업 입력 사업 및 모바일 네트워크 사업자와 제휴해 소작농을 위한 정확한 국지적 일기예보를 제공하고 있다. 이그니티아의 일기예보는 반경 3제곱킬로미터 범위까지 좁혀 서비스하고 있다.

이처럼 농업에 기술을 더해 생산성을 높이는 비즈니스모델을 '애그리푸드(AgriFood)'라 한다. 애그리푸드는 크게 두 가지 유형이다. 농작물 재배와 관련된 기술기반이면 '업스트림(Upstream)' 혹은 '애그테크(agtech)'라 하고, 소비자의 식생활 개선을 위한 기술이 적용되면 이를 '다운스트림(Downstream)' 혹은 '푸드테크(foodtech)'라 한다.

이 가운데 애그테크는 농업 가치사슬의 여러 단계가 얼마나 효율적으로 수행되는지를 분석해 발견된 문제를 개선하기 위해 새로운 디지털 기술을 적용하는 것을 말한다. 여기에는 농업생명공학 기술, 정밀농업, 대체식품, 식품 전자상거래 등을 포함한다.

아테네에 본사를 둔 아우그멘타(Augmenta)는 농산물의 성장과정에 따라 적절한 시점에 비료를 주거나 추수하는 현장분석기(Field Analyzer)라는 로봇시스템을 개발했다. 이를 활용하면 작물 수확량을 최대 12%까지 높일 수 있고, 작물 품질을 20% 향상시키며 비료 사용도 15%가량 줄일 수 있다. 여기에 적용된 기술은 위성에서 사용되는 e2b센서와 다중분광(Multispectal)이 가능한 고해상 영상기기 등이다.

메사추세스에서 창업한 그린라이트 바이오사이언스(Greenlight Biosciences)는 특정 해충을 잡는 '생물살충제'를 개발했다. 예컨대 딱정벌레를 죽이는 생물살충제는 딱정벌레 이외의 다른 곤충이나 동물에게 전혀 영향을 주지 않는다. 이 기술은 해충의 RNA가 단백질을 합성하지 못하도록 간섭하는 역할을 한다. 동사는 이 기술로 최근 5,000만 달러를 투자 받았다.

스위스 무트랄(Mootral)은 가축의 폐기물과 메탄배출을 줄이는 프로그램을 개발했다. 이른바 인간의 소화제 같은 것이다. 이 회사의 프로그램을 채용하면 동물의 폐기물과 메탄을 30% 이상 줄일 수 있다. 빌 게이츠(Bill Gates)는 최근 "소가 한 국가라면 중국과 미국에 이어 온실가스(GHG) 배출량 3위에 올랐다"고 할 정도로 반추동물이 반출하는 메탄은 온실가스의 주범이다.

실제로 소, 염소, 양, 사슴 등의 반추동물이 뿜어내는 메탄은 심각한 수준인 것으로 보고된 바 있다. 이 때문에 동사의 프로그램을 '기후게임체인저(climate game changer)'라 명명하고 카본트러스트(Carbon Trust)의 인증을 받았다. 카본트러스트는 '지속가능한 저탄소 경제'를 사명으로 한 탄소인증마크를 발급하는 기관이다.

보스턴에 본사를 둔 루트AI(Root AI)는 실내농업 부문(indoor farming sector)을 지원하기 위한 인공지능 기반 로봇을 개발하고 있다. 창업자는 세계적으로 농업인구가 줄어들고 있어 충분한 식량을 계속 생산하려면 농촌 뿐 아니라 도시에서도 재배가 이루어져야 한다고 생각해 창업했다. 현재는 토마토 온실재배에 국한돼 있지만 앞으로는 다양한 농산물에 적용할 하드웨어를 개발 중이다. 이는 로컬푸드를 지향하는 소비 추세와도 맞닿아 있다.

런던에 있는 핀테크 스타트업 스테이블(Stable)은 농민들이 상품가격 변동성에 따른 피해를 입지 않도록 하기 위해 보험 플랫폼을 개발했다. 농부가 작물 변동성 보험에 저렴하게 가입해 리스크를 최소화하도록 지원하기 위함이다. 농산물 가격은 매년 20~30% 변동될 여지가 있어 농민들에게 중대한 위협요인이 돼 왔다. 이는 농민들이 농사를 계획하고 관리하는 것에 두려움을 느끼게 하는 요인이기도 하다. 이 프로그램은 농부뿐 아니라 사전에 계약하는 투자자들에게도 적용되므로 상호 안전한 거래를 유도할 수 있다.

그런가 하면 미국의 어필사이언스(Apeel Sciences)는 과일과 채소의 지질을 사용해 아보카도와 감귤류에 대한 '껍질'을 임의로 만들어 부패를 유발하는 산화 및 수분 손실의 속도를 늦춤으로써 농산물의 유통기한을 연장하는 기술로 빌 게이츠의 후원을 받고 있다. 또 다른 스타트업 플랜티(Plenty)는 기계 학습, 인공 지능 및 작물 과학을 활용해 수확량을 최적화하고 최적의 신선함과 맛을 얻기 위해 필요한 만큼 정확하게 생산하는 실내농업을 지향하기도 한다.

최근 코로나19는 우리에게 중요한 문제의식을 갖게 했다. 그중 하나는 글로벌 시대에 국경은 그다지 의미가 없다고 생각했으나 국가간 이동이 통제되자 원자재 공급망이 차단돼 공장을 세워야 하는 사태가 발생했다는 것이고, 다른 하나는 코로나19 같은 미증유의 사태가 발생하면 생존수단을 스스로 해결해야 하는 각자도생의 방법 외에는 대책이 없다는 점이다. 마스크, 진단키트 등 의료물품을 확보하기 위해 국가간 혈투를 벌였다는 점이 이를 말해준다.

이는 경제의 기본단위가 여전히 국가라는 점을 강렬하게 일깨워 주었다. 농산물 또한 같은 맥락에서 이해할 수 있다. ▨▨ ▨량농업기구(FAO)의 ▨▨▨ 따르면, 2017년 현재, 국내에서 소비하는 곡물, 육류, ▨▨ 및 과일의 38%만이 국내에서 ▨▨▨▨. ▨▨▨ 62%는 수입품이었다. 비상시를 대비해 애그테크를 통해 농업의 선진화를 이뤄야 하는 이유가 바로 여기에 있다.

치매 케어

Dementia Care

일반적으로 비즈니스모델 아이디어의 시발점은 사회문제로부터 시작된다. 지구환경, 저출산·고령화, 빈부격차 같은 사회적 문제를 말한다. 다음으로는 바로 그 문제를 해결하고자 하는 목표시장 세분화 과정을 거친다.

저출산·고령화 문제라면 이 가운데 특히 고령화 문제, 나아가 독거노인의 고독사 예방처럼 대상시장을 구체적으로 규정해야 한다. 이렇게 규정된 잠재고객을 '고객 페르소나'라 한다. 그 다음 단계가 제품 혹은 서비스, 즉 상품개발이다. 이렇게 개발된 상품을 어떤 채널로 유통시킬 것인가에 대한 고민이 필요하다. 이러한 절차는 비즈니스모델 설계의 기본이자 필수다.

이제 고객 페르소나를 '치매노인'으로 규정하고, 이와 관련된 비즈니스모델을 소개한다. 뇌(腦)가 작아져 기억을 점점 잃어가는 치매. 우리나라 치매 인구가 75만에 달하는 현 상황에서, 고령화가 선행하는 일본의 스타트업 사례는 우리가 대비하고 개발해야 하는 방향을 시사해 줄 수 있다. 따라서 일본의 사례를 참조하면 우리가 관심을 가져야 할 비즈니스모델, 나아가 사회문제 해결을 위한 솔루션 인사이트를 얻을 수 있을 것으로 생각한다.

일본 후생노동성 국립사회보장인구문제연구소 자료를 보면, 일본에서는 2025년 치매 환자 수는 700만 명으로 추계된다. 65세 이상 노인 가운데 약 15%가 치매로 고통 받고 있다는 데이터도 있다. 이러한 시장 상황에 대비한 스타트업계의 노력이 한층 가속화되고 있다.

치매는 치료보다 예방이 최선이라는 기치로 건강과 다이어트, 뇌 자극 등을 통해 치매를 예방하는 앱이 있다. 치매 예방 효과는 크게 5가지. 운동과 식사, 뇌 자극, 스트레스 완화, 그리고 사회 참여 등이다. 날짜만 누르면 식단을 제시해 주고, 익숙한 캐릭터 퍼즐로 그림을 기억하게 하는 회상법을 적용한 뇌 자극, 퍼즐과 틀린 그림 찾기 등을 통해 스트레스를 완화하는 등의 기법을 사용한다. 도식화 하면, 목표 통지 → 보행거리 측정 → 식사 → 뇌 자극 → 평가 → 복약 관리 순이다.

IoT와 웨어러블 단말기에 의한 고령자의 자립지원 서비스 '모후토레(モフトレ)'도 예방기능에 초점을 맞췄다. 손목이나 발목에 3D 모션캡처를 탑재한 웨어러블 센서를 부착해 운동 및 레크리에이션 등에 의한 몸의 움직임의 데이터를 실시간으로 얻는다. 그 움직임을 태블릿에 나타나게 해서 시계열로 성과를 쉽게 비교할 수 있다. 그 성과를 바탕으로 다양한 치료법이 제공된다.

시선을 사용한 의사소통 시스템 리카너스(RICANUS)도 있다. 노인은 음성과 동작으로 의사를 전달하는 것이 곤란한 경우가 많다. 반대로 간병인도 의사소통이 어렵기는 마찬가지다. 이러한 소통의 어려움을 지원하기 위해 아이패드(iPad) 화면에 표시되는 버튼에 시선을 맞추는 것만으로 손과 목소리를 사용하지 않고도 생각을 전달할 수 있다.

그밖에도 치매환자의 행동분석이나 위치를 파악할 수 있는 손목밴드, 가족이나 노인들이 체험을 통해 대비할 수 있는 VR 콘텐츠, 뇌파 측정을 통해 맞춤형 인지훈련을 할 수 있는 두뇌트레이닝, 생체리듬을 수치화해 신체나이를 산출해 내는 건강채점시스템 등 다양한 솔루션이 등장하고 있다.

그런데 세계적으로 큰 호응을 얻고 있는 특별한 아이디어가 있다. 요실금을 예방하는 웨어러블 장치 '디프리(Dfree)'가 그것이다. 간단하게 말하면 방광의 팽창을 초음파로 측정하고 전용 앱이 화장실에 갈 정확한 시간을 미리 알려주는 방식이다. 이 사업은 최근 일본과 미국, 유럽에서 동시에 론칭(launching)될 만큼 시장 니즈가 많다.

이 사업을 좀 더 자세하게 들여다 볼 필요가 있을 것 같다. 아이디어 개발에서 대상시장 설계, 유통 전략 등 비즈니스모델링에서 필수적인 과정을 교과서처럼 잘 진행하고 있어서다.

먼저 아이디어 상용화 과정이다. 2014년 미국에서 유학생활을 하던 일본인 나카니시는 외출 중에 소변이 급해졌다. 잘 참지 못하는 체질이라 화장실을 찾다가 그만 실례를 하고 말았다. 그 일이 있고 난 후, 그는 밖에 나가는 걸 극도로 꺼리게 됐다. 고민 끝에 이 문제를 스스로 해결해 보고자 결심하고 연구해 만들어진 상품이 바로 '디프리(Dfree)'다.

처음에는 자신을 위해 만들었으나 막상 만들어 놓고 보니 의외로 필요하다는 사람이 많았다. 그래서 본격적으로 상품화에 도전한다. 그는 고객 페르소나를 구체화하기 위해 여러 병원을 대상으로 임상실험을 진행했다. 그 결과 잠재고객은 요실금뿐 아니라 거동이 불편한 장애인, 과민성대장증후군 환자, 치매 노인, 유아 등이 포함됐다.

더욱 흥미로운 점은 환자 외에도 가족, 간호사들에게도 적극적인 지지를 받았다는 사실이다. 치매환자는 존엄을 지킬 수 있었고, 간호사는 업무 부담을 현저하게 줄이면서 위생적으로 처리할 수 있어서였다. 서로가 힘들어했던 문제를 해결해 줌으로써 병원 환경도 한결 밝아졌다.

상품에 대한 확신이 선 그는 상품의 가치를 지지해 줄 핵심파트너로 미국의 전국요실금협회(National Association for Continence)를 끌어들였다. 참고로 미국의 요실금 환자는 2,500만 명에 달한다.

다음 단계는 최적의 유통채널 확보였다. 처음에는 요양시설을 중심으로 판매했다. 다음으로는 일본 가전 양판점(CVS)을 텄고, 최근에는 소고백화점 인터넷몰과 제휴했다. 인터넷몰에서 구입한 상품은 전국 2만여 세븐일레븐 매장에서 수령할 수 있도록 했다. 이러한 일련의 과정을 거쳐 비즈니스모델의 안정적 론칭이 가능했던 것이다.

일본은 치매 환자의 치료 및 관리 비용으로 통원 치료의 경우 1인당 월 3만 9,600엔, 입원치료는 매월 34만4,300엔이 든다. 우리나라도 2018년 기준, 65세 이상 인구의 치매 유병률이 10.16%에 이르고 이에 따른 사회적 비용도 연간 14조 원에 이른다. 소셜벤처나 스타트업이 관심을 가져야 할 이유다.

게이미피케이션

Gamification

2000년대 초, 영국의 한 출판사는 이색적인 판촉기법으로 베스트셀러를 만들어냈다. 제목은 기억나지 않지만, 독자들이 책을 읽는 동안 각 챕터에서 제시한 미션을 순차적으로 수행하면 상금을 주는 방식이었다.

이 방식을 조금 더 들여다보자. 독자가 한 챕터를 읽으면 문장의 어딘가에 장소를 연상할 수 있는 힌트를 준다. 독자는 그 힌트를 기반으로 실제 장소를 찾아가면 바로 그곳에 숨겨놓은 쪽지에서 다음 미션을 받는다. 이런 과정을 통해 최종 지점에 도달하면 리워드(reward)를 주는 것이다. 이른바 연속정보 이론(cascading information theory)이다. 플레이어가 추측해 가면서 진행할 수 있도록 정보를 가능한 조그만 크기로 나누어 주는 것을 말한다.

10여 년 후, 언급한 모델과 유사한 지역 기반 게임형 플랫폼이 론칭(launching) 됐다. 레벨업(www.thelevelup.com)이 그것이다. 유저는 특정 장소에 도착해 체크인하고, 그곳에서 제시되는 '미션대로 말하기', '사진 찍기' 같은 도전 과제를 수행하면 포인트를 주는 방식이다.

이처럼 비즈니스모델의 성장을 가속화하

□□□□□ □□□ □□□□□□□(Gamification)이 각광받고 있다. '게이미피케이션'이란 문제해결, 지식전달, 소비자 행동 등을 유인하기 위해 게임의 매커니즘(Mechanism)을 접목시킨 비즈니스모델을 말한다.

대표적인 비즈니스모델로는 포스퀘어(Foursqure)가 꼽힌다. 이용자가 방문한 장소에 체크인(check-in)할 수 있는 위치기반 SNS 서비스로 메이어(Mayer)와 배지(Badge)라는 두 가지 보상 시스템을 통해 사람들을 유인한다. 체크포인트가 많아질수록 계급은 올라가고 최종적으로 대상지역 시장(Mayor)까지 오를 수 있다.

일본의 게임업체 세가에서 만든 소변기 토일렛(Toilet)은 소변보는 즐거움을 선사한다. 소변 줄기의 압력과 소변의 양 등을 측정해 이를 게임과 연동시켰다. 우선 소변기에 사람이 다가오면 적외선 센서가 이를 감지한다. 이어 토일렛 기기의 마이크로파(microwave)가 소변 줄기의 속도와 양을 측정한다. 소변보는 속도로 소변기의 이물질을 빨리 지우면서 재미를 느끼게 하는 전략이다.

언급한 사례들에서 보듯 게이미피케이션은 단지 앱(app)뿐 아니라 기존 제품에도 다양하게 접목되고 있다. 나아가 게임화 과정을 통해 문제를 해결하고 사업의 완성도를 높이려는 비즈니스모델도 많다.

요즘 상종가를 치고 있는 웨어러블 기업, 핏빗(Fitbit)는 미국 샌프란시스코에 본사를 둔 헬스케어 스타트업이다. 이 기업이 만든 제품으로는 피트니스에 수반되는 걸음수, 심박수, 수면의 질, 오른 계단 수 등의 데이터를 측정하는 스마트 밴드와 무선 통신 지원 웨어러블 테크놀로지 장치들이 있다.

웹과 앱을 통해 제공되는데 블루투스를 통해 휴대전화나 PC와 동기화해 실시간 측정이 가능하도록 했다. 사용자들은 경과 시간에 따라 음식, 활동, 몸무게 등을 기록할 수 있고, 단계별 칼로리 소모량을 보고 주간 목표를 세울 수 있도록 했다.

뉴욕에 본사를 둔 스타트업, 퀄키(Quirky)도 흥미로운 비즈니스 모델 가운데 하나다. 특허 소유자가 제품화 과정을 마치 게임하듯 재미있게 풀어가는 비즈니스모델로 주목을 받고 있다.

잠깐 그 과정을 보자. 먼저 특허 소유자는 퀄□ 플□□□ □□□ □□, □□□□ □□, □□□□□□□ □□ □□□□□ □□, □□□, □□ □□ □□□ □□ □□□□□. □□□ □□□ □□□□□□ □□□□□(Pre-sale)을 거쳐 대량생산으로 이어지며, 이익의 일부는 계약조건에 따라 제안자에게 돌아가는 프로세스다.

퀄□ □□□ □ □□□□□(Ben Kaufman)은 2009□ □□ □□ □□ 23세였다. 우연한 기회에 휴대폰 액세서리를 만들어 판매했더니 의외로 수입이 짭짤했다. 그는 중국을 여행하다 더 싼값에 더욱 다양한 액세서리가 있는 것을 발견하고 지금의 비즈니스모델을 생각해 낸다. GE는 이 기업에 7,700만 달러(시리즈 D)를 투자했다. 비록 Q홀딩스에 매각되긴 했지만 게이미피케이션 전략을 통해 성장했음은 부인할 수 없다.

GE와 퀄□(Quirky)의 협력으로 탄생한 상품은 꽤 많다. GE의 스마트 에어컨 아로스(AROS)도 그중 하나. 이 에어컨은 전원, 온도 및 방향 조절, 타이머 기능뿐만 아니라 에어컨 사용자의 일정, 생활습관, 거주지역, 날씨 정보, 에어컨 작동 내역 등을 분석해 최적으로 작동시켜 준다.

가사노동에도 게이미피케이션을 적용해 가정에서 집안일 분담 효과를 톡톡히 보고 있다. 스타트업, 초어워즈(Chore Wars)는 가상과 현실을 적절히 융합한 일종의 대체현실게임(Alternate Reality Game)으로 성공했다. 가족구성원은 게임 시작과 동시에 아바타를 생성하고, 집안일을 하나씩 완료할 때마다 레벨이 올라가도록 설계했다.

아이들은 게임 캐릭터를 레벨업하기 위해 집안일을 적극적으로 돕는다. 청소, 이불개기, 상차리기 같은 반복적이고 지루한 집안일에 게임 요소를 접목해 동기부여와 재미를 동시에 주어 가족의 화목으로 이어지는 효과가 있다.

언급한 사례 외에도 게이미피🔳🔳🔳(Gamification)은 재활용과 환경 친화적 습관을 장려하는 리사이🔳🔳🔳(recyclebank), 금연에 도움을 주는 퀴트나우(QuitNow), 프로그래밍을 학습할 수 있는 온라인 플랫폼 코드아카데미(codeacademy), GPS기반 피트니스 추적 앱, 런키퍼((Runkeeper)같이 다양한 영역에서 활용되고 있다.

게이미피케이션의 기대효과는 크게 4가지다. 창조성, 커뮤니케이션, 보상, 바이럴리티.

'창조성'은 자기주도적 참여를 통해 UGC(User-Generated Content), 즉 사용자가 콘텐츠를 직접 생성하도록 하는 효과다. '커뮤니케이션'은 다른 이용자들과 소통을 통해 교류하고 자시(自恃)표현을 통한 자기만족 효과이며, '보상'은 점수나 상금과 같은 보상 체계를 통해 동기부여 효과를 얻게 된다. '바이럴리티'는 이용자의 SNS를 통해 급속도로 확산되는 효과를 노린다.

이제 고객의 욕구(needs)가 품질과 편익을 넘어 재미를 기대하는 수준까지 왔다. 게이미피케이션(Gamification)을 눈여겨봐야 하는 이유다.

직송

Dropshipping

미국의 중저가 백화점 체인 'J.C. 페니'가 118년의 업력에도 코로나19를 이기지 못하고 결국 파산했다. 일본도 2020년 4월 한 달 동안 24개 소매기업이 파산했다. 전년 동월 대비 41.1%나 증가한 수치다. 우리나라도 예외는 아니다. 파산법원에 접수된 기업 수가 전년 대비 6배 이상 증가했다. 이들 대부분이 입지채널 위주로 운영해 온 제조·유통업체들이다.

사실 소매업의 파산행렬은 이미 수년 전부터 진행돼 왔다. 미국은 지난 5년간 내수가 호황임에도 1886년 설립된 시어스(Sears) 백화점을 비롯해 토이저러스, 포에버21 등 50여 개의 입지 중심 소매기업들이 도산했다. 그야말로 입지소매업의 종말이 온 것이다.

실제로 오프라인 대 온라인의 세계시장 규모 비율이 2015년에 30.4%였으나 2020년 2월 말 기준으로 온라인 매출 비중이 49%로 치솟았다. '코로나19' 이전 통계임을 감안하면 2000년 출생한 이커머스(e-commerce) 시장이 20년 만에 주류시장으로 올라선 것이다. 요즘 온라인 유통업체들이 3만 평 이상의 대형 창고 부지를 사기 위해 동분서주하고 있다는 소식은 이를 잘 확인시켜주고 있다.

언급한 사례는 해외기업이거나 큰 기업들 얘기라 언뜻 와 닿지 않을 수 있다. 하지만 자영업도 크기만 다를 뿐 충격은 마찬가지다. 중소벤처기업부 자료를 보면 소상공업 중 도소매업이 32.5%에 이른다. 따라서 포스트코로나시대를 슬기롭게 극복하기 위해서는 비즈니스모델의 재구조화가 절대적으로 필요하다.

이러한 상황에서 가장 추천하고 싶은 모델은 직송(Dropshipping) 비즈니스모델이다. 직송 비즈니스모델은 제품이나 재고를 보유하지 않고도 고객에게 상품을 판매할 수 있는 온라인 쇼핑몰을 말한다. 즉, 쇼핑몰 운영자는 판매하고자 하는 상품을 자신이 개설한 쇼핑몰에 소개하고, 주문을 받으면 미리 계약한 제조업체가 판매자의 이름으로 소비자에게 직접 배송해 주는 시스템이다. 돈은 어떻게 벌까? 소비자에게는 소매가로 받아서 제조업체에 도매가로 지불하면 그 차익이 수익이다. 사입해 판매하는 것보다 수익률이 18.33% 높다.

최근 구글 검색에서 '직송(dropshipping)' 검색량이 급등하고 있다는 점만 봐도 쉽게 알 수 있다. 급등 중인 주요 키워드를 보면 드롭쉬핑+코로나바이러스(dropshipping+coronavirus), 드롭쉬핑+상품(dropshipping+product), 드롭쉬핑+틈새(dropshipping+niche)등 직송과 관련된 연관검색어가 대부분이다.

그렇다면 직송 비즈니스모델로 창업하려면 어떤 절차를 거쳐야 할까? 가장 먼저 해야 할 일은 팔고자 하는 상품을 결정해야 한다. 이와 관련해 사전에 몇 가지 체크해야 할 문제가 있다. 첫째, 틈새시장 상품을 찾는 일이다. 웬만큼 시장이 형성된 상품은 경쟁력을 갖기 어렵다. 예컨대, 여성의류 → 스포츠웨어 → 원마일 (one mile)웨어처럼 품목에서 단계별로 내려가면 틈새상품 아이디어를 얻을 수 있다.

둘째, 작고 가벼운 제품이 유리하다. 일반적으로 무게 2kg, 길이 60cm, 포장 90cm 미만을 추천한다. 이는 운송비 부담 때문인데 국제우편(EMS)보다 해외배송 제휴(alliance) 채널인 이패킷(ePacket)을 이용하면 더 저렴하기 때문이다.

셋째, 상품 가격대는 50~200달러가 적당하다. 이 가격대는 전자상거래의 최적구간(sweet spot)이다. 더 싸면 별로 남는 게 없고, 더 비싸면 대량 판매가 어려워질 수 있다. 넷째, 비계절성 상품이어야 한다. 당연한 얘기지만 계절성 상품은 비수기가 있어 운영에 애로를 겪는다.

상품 선택에 대한 사전조사가 필요하다면 세일후랩(SaleHoo Labs)에서 가능하다. 직송업체 및 온라인 시장 분석도구를 제공하는 이 사이트에서는 아마존(Amazon)이나 이베이(eBay) 같은 쇼핑데이터를 갖고 있어 제품별 평균 소매가격과 판매율 등 다양한 데이터를 분석할 수 있다. 더욱이 공급업체 리스트가 있어 직접 연결할 수 있는 장점이 있다.

공급업체를 잘 선택해야 하는 이유는 여러 가지다. 첫째, 공급업체가 직송인지 혹은 도매상을 거쳐 발송하는지를 알아봐야 한다. 당연히 직송해 줄 업체가 유리하다. 둘째, 배송비를 과다하게 받는지 확인해야 하고, 대량 판매시 배송비를 받지 않는 조건이어야 한다. 셋째, 고품질의 제품인지 확인해야 한다. 이를 위해 샘플과 제품 이미지를 사전에 받아보고 결정하는 것이 좋다. 이밖에도 적시에 배송해 주는지, 혹은 자신을 통해 연결된 고객으로부터 온 주문을 낚아채지 않을지에 대한 합의도 필요하다.

제품과 공급업체를 선택했다면 경쟁쇼핑몰을 찾아보고 이들이 어떤 방식으로 판매하는지 둘러봐야 한다. 이들 쇼핑몰과는 뭔가 다른 판매정책을 써야 경쟁력을 가질 수 있기 때문이다. 특히, 눈여겨 볼 대목은 선행하는 경쟁쇼핑몰에 달린 고객리뷰다. 이는 대단히 중요한 과정으로 경쟁우위 확보를 위한 인사이트를 얻을 수 있다.

다음으로는 판매할 쇼핑플랫폼을 결정해야 한다. 직송 비즈니스는 독립적으로 쇼핑몰을 만드는 게 아니고, 기존의 대형 쇼핑플랫폼에 개설해야 하기 때문이다. 이와 관련해서도 검색 트렌드를 보면 인기 있는 쇼핑플랫폼을 쉽게 알 수 있다. 검색 상위에 오른 대표적인 플랫폼으로는 아마존(Amazon), 이베이(eBay), 쇼피파이(Shopify), 그리고 알리바바(alibaba) 등이다. 이러한 온라인 쇼핑플랫폼은 누구나 개설이 가능하고, 돈도 20달러 정도의 적은 비용으로 상점을 열 수 있다. 이 가운데 3억 명 이상의 활성 사용자를 가진 아마존이나 2억 명에 가까운 이베이가 유리하다.

다음은 마케팅 전략이다. 경쟁쇼핑몰이 많다 보니 뭔가 독특한 마케팅을 구사해야 소비자의 눈에 띄기 때문이다. 일단 검색엔진 최적화(SEO)를 통해 구글 상단에 뜨게 해야 한다. 다음으로는 인스타그램, 페이스북 등 SNS에 홍보해야 한다. 가능하다면 유튜브 계정을 열어 제품과 관련된 정보를 제공하는 콘텐츠 마케팅도 좋은 방법이다. 무엇보다 지속적인 업데이트가 가장 좋은 마케팅 방법이라는 점을 잊어서는 안 된다.

여기까지 했다면 직송비즈니스 준비는 끝났다. 마지막으로 선택한 쇼핑몰 플랫폼에 점포를 개설하면 바로 시작할 수 있다. 절차는 그리 어렵지 않다. 아마존을 모델로 간략하게 절차를 소개하면 다음과 같다. 우선 홈페이지 화면 우측 상단에서 내 계정(your account)를 클릭 한 후, 판매자 계정(your seller account)에 들어가 판매 시작하기(start seller)로 이동하면 다음 절차는 자동으로 안내된다.

한 가지 더 참고할 점은 상품을 소개할 때, 신제품(new), 중고(used), 수집품(collectible) 중 하나를 선택해야 한다. 중고(used)로 선택했다면 다음으로는 구매자가 판단을 쉽게 할 수 있도록 '중고지만 거의 새 제품(used-like new)', '품질 양호한 중고(used-good)', '중고지만 쓸 만함(used-acceptable)' 등으로 다시 구분해 주면 좋다.

V
창업가의
핵심역량을
키워주는
창업의 정석

창업 단계별로 투자 받는 법

얼마 전, 한 엑셀러레이터의 초청으로 스타트업 데모데이(demoday)에 심사를 갔다가 한 중견기업 대표를 만났다. 이 기업은 연매출 1조5,000억 원을 올리는 동종업계 상위권 기업이다. 이 기업의 대표가 핵심직원들을 이끌고 스타트업 데모데이에 오게 된 배경은 무엇일까? 바로 투자처를 찾기 위함이었다. 레거시(legacy)산업에서 벗어나 신성장 동력을 확보하기 위해서다.

포스트코로나시대에 대비한 전통기업(Brick&Mortar)들의 신사업에 대한 탐색이 눈에 띄게 많아졌다. 하지만 초기기업인 스타트업이 투자받기까지는 현실적으로 어려움이 많다. 투자자들은 기본적으로 단기간에 투자 수익을 내야하기 때문에 어느 정도 시장의 검증을 받을 때까지는 투자를 기피하는 경향이 있기 때문이다.

투자자들이 투자금을 회수하는 방법은 크게 두 가지다. 하나는 인수·합병(M&A)을 통해 엑시트(Exit)하는 방법이고, 다른 하나는 상장(IPO)하는 방법이다. 여기까지 가려면 대체로 상당한 시간이 소요되기 때문에 초기 기업에 투자를 망설이게 되는 것이다.

그렇다면 스타트업은 어떻게 투자를 받아 성장하는가. 우선 창업초기 시드머니를 투자받는 방법부터 알아보자. 크게 세 가지

방법이 있다. 첫째, 엔젤투자(Angel Investment)를 받는 것이다. 엔젤투자는 개인이나 개인투자조합에게 지분을 주고 투자를 받는 형식이다. 규모는 보통 1억 원 이하로 비교적 소액이다. 하지만 비즈니스모델만으로 투자가 이루어지는 경우가 대부분이어서 투자자에게도 리스크가 큰 만큼 스타트업 입장에서는 천사 같은 투자라 하겠다.

둘째, 정부의 정책자금을 받는 것이다. 정책자금은 융자와 지원이 있는데 이 가운데 부담이 적은 지원자금을 받을 수 있다면 더욱 좋다. 초기 지원금은 1억 원 이내로 보면 된다. 대체로 경제관련 부처마다 관련 산업을 육성하기 위해 인큐베이팅센터를 운영하고 있어서 이러한 육성기관에 참여하는 방법이 가장 효과적이다. 예를 들면 중기부 산하 청년창업사관학교, 서울시는 서울창업허브 등이 있다. 정부지원자금 정보를 한곳에서 확인할 수 있는 앱도 있다. KB국민은행이 무료로 제공하는 'KB브릿지'가 그것이다. 사업자등록번호를 입력하면 해당되는 정책자금 지원 정보가 모두 뜬다.

셋째, 크라우드펀딩(Crowd Funding)이다. 글자 그대로 대중(Crowd)에 사업 내용을 공개하고 투자(Funding)를 받는 방법이다. 크라우드펀딩 플랫폼으로는 세계 최초 크라우드펀딩 기업인 미국의 인디고고(Indiegogo), 킥스타터가 있고, 국내에는 와디즈, 텀블벅 등이 있다. 물론 크라우드펀딩을 원한다면, 사업 타당성을 인정받아야만 가능하다.

이렇게 시드머니를 확보해 창업한 후, 다음단계는 벤처캐피털

(VC)에서 투자를 받을 수 있다. 벤처캐피털은 금융기관으로부터 융자받기 어려운 스타트업에 담보 없이 투자하는 기업이나 자본을 말한다. 엔젤투자와 벤처투자(VC)의 차이점이 있다. 엔젤투자는 개인이나 엔젤클럽을 통해 개별로 투자가 이루어지는 게 일반적이다. 반면에 벤처캐피털은 외부 투자자의 돈을 모아 투자하거나, 리스크를 줄이기 위해 여러 투자사가 공동으로 1개의 기업에 투자하는 형태로 진행된다.

벤처캐피털은 창업투자회사와 신기술투자금융회사의 두 가지 형태가 있다. 이들은 기본적으로 스타트업에 투자하지만 전자는 중소벤처기업부, 후자는 금융위원회 관할이라는 점만 다르다. 비슷한 투자기업으로 '사모펀드(PEF)'도 있다. '투자신탁업법' 혹은 '자본시장법'에 의거, 50~100인 투자자들로부터 모은 자금을 운용하는 펀드다.

벤처캐피털업계에서는 투자단계에 따라 시리즈A, 시리즈B 등과 같이 알파벳순으로 구분하고 있다. 시리즈A는 대체로 투자금액이 10억 원 이상일 경우인데 기업 규모에 따라 펀드 규모는 다를 수 있다. 일반적으로 밴처캐피털에서는 시리즈B 수준까지 투자를 받을 수 있다. 따라서 시리즈C부터는 투자금액이 커진 만큼 규모가 큰 벤처캐피털이나 국부펀드에서 투자를 받는 것이 일반적이다.

이러한 투자를 하는 벤처캐피털은 150여 개가 있다. 그렇다면 어느 벤처캐피털을 만나야 유리할까? 벤처캐피털은 정부나 대기업이 기금을 지원하는 이른바 '모태펀드'가 있다. 50~60%가 모태펀드다. 이 기관들이 모태펀드를 제공할 때, 대체로 조건을 내건다. 예를 들면 대표가 여성인 기업에만 투자하게 한다거나 소셜벤처나 임팩트기업에만 투자할 수 있도록 하는 등의 조건이다. 따라서 비즈니스모델의 특성에 따라 해당되는 벤처캐피털을 찾아가는 방법이 효과적이다.

하지만 이렇게 설명해도 스타트업들은 투자자를 만나는 것부터가 상당히 어렵기 때문에 투자까지 연결하기가 쉽지 않다. 게다가 엔젤투자나, VC, 크라우드 펀딩을 어떻게 유치해야 하는지부터 막막해 하는 초기기업도 많다. 이런 경우는 엑셀러레이터(Accelerator)를 먼저 만나볼 것을 권한다. 엑셀러레이터는 벤처투자를 목적사업으로 하는 벤처캐피털과는 달리 비즈니스모델이나 기술 업그레이드, 판로 개척 등 성장단계별 보육을 목적으로 하는 기업이다. 미국에는 실리콘밸리를 중심으로 지원하는 와이컴비네이터(Y Combinator)가 있고, 우리나라에는 KB인베스트먼트, 씨엔티테크, 나눔엔젤스 등 270여 개가 있다.

올 8월부터 등록기준을 완화한 '벤처투자촉진법'이 시행됨에 따라 더욱 늘어날 것 같다. 엑셀러레이터 등록은 공공기관이나 벤처캐피털 외에도 기술지주회사, 금융회사, 대학 등 다양한 기관에서 등록할 것으로 보인다. 엑셀러레이터 명단은 K스타트업(www.k-startup.go.kr)에서 확인할 수 있다.

이처럼 스타트업들에게는 업종에 따라 단계별로 투자받을 기회가 있다. 정부도 포스트코로나 시대를 극복하기 위해 디지털뉴딜을 내놓고 있어 더욱 많은 지원이 이루어질 것이다. 그만큼 유망한 스타트업들에게는 기회의 시간이 다가오고 있다는 의미다.

일반적으로 스타트업이 투자를 받으려는 것은 투자를 레버리지(Leverage)로 외부 자원을 수혈 받아 질적 성장을 꾀하기 위해서다. 하지만 투자업계에서는 투자를 받아 양적 성장에만 집중해 M&A 같은 엑시트(Exit)를 노리는 스타트업이 많다는 점을 우려한다. 이른바 '치고 빠지려는 전략'이다. 투자시장에서 가장 신뢰를 얻을 수 있는 스타트업은 투자를 받기 전에 자체 역량과 기술 고도화를 통한 질적 성장을 꾀하는 스타트업이라는 점을 간과해서는 안 된다.

포스트코로나시대,
창업 모델의 재구성

Newnormal

전쟁이나 대공황 혹은 코로나 등과 같이 미증유의 사태가 발생하면 크게 두 가지가 우선적으로 바뀐다. 그 하나는 통치모델이고, 다른 하나는 비즈니스모델이다. 이 가운데 비즈니스모델에 대한 뉴노멀(New normal) 즉, 재구조화가 어떻게 흐를 것인지에 대해 예측해 보려고 한다.

일반적으로 소상공업 비즈니스모델을 '업종'이라 한다. 그동안 수많은 창업과정을 거치면서 정형화됐기 때문이다. 정형화가 됐다는 것은 같은 모델로 누구나 쉽게 창업할 수 있게 표준화됐다는 의미이기도 하다. 굳이 업종을 설명하자면 '구분이 가능한 최소 산업단위'라고 할 수 있다.

반면에 소셜벤처나 스타트업은 업종으로 구분하기가 대단히 어렵다. 같은 기술을 쓰더라도 어디에 적용하느냐에 따라 업종이 바뀌기 때문이다. 예컨대, 사물인터넷(IoT) 기술을 기반으로 하는 스타트업이라 할지라도 원격진료에 적용하는 스타트업이 있는가 하면 유통업에 적용하는 스타트업도 있다. 그래서 업종포화라는 말은 있어도 비즈니스모델 포화라는 말은 사용되지 않는다.

따라서 스타트업에서의 비즈니스모델은 업종이라고 단정적으로 말하지 않고, 조금 어렵지만 다음과 같이 설명할 수 있다. "하나의 가치를 포착, 창조, 전파하는 방법의 논리적인 체계"라고… 좀 더 쉽게 풀어 쓰자면 '하나의 구체화된 아이디어를 어떤 채널을 통해 누구에게 판매할 것인가에 대한 구조'다. 따라서 스타트업의 비즈니스모델은 비정형업종이라 하겠다.

그렇다면 포스트코로나시대, 소상공업의 비즈니스모델은 예전처럼 정형화된 업종만으로 계속할 수 있을까? 결코 그렇지 않다. 언급한대로 코로나19라는 한 번도 경험하지 못한 사태로 인해 소비자행동이 크게 바뀌고 있기 때문이다. 이제 소상공업이 어떤 방향으로 재구조화될까?

1990년대 중반까지만 하더라도 이른바 '업종'만으로 창업이 가능했다. 그러던 것이 90년대 후반에 프랜차이즈라는 새롭게 구조화된 업종이 일반화됐다. 참고로 프랜차이즈협회가 1997년 창립됐다. 나는 이를 '매뉴얼 업종'이라 부른다. 통일된 매뉴얼로 찍어내듯 창업할 수 있게 했기 때문이다.

하지만 IMF 구제금융 여파로 2000년대 들어 매뉴얼 업종도 포화상태에 이른다. 그래서 나타난 업종이 통합(Integration)업종이다. 각기 다른 업종을 하나처럼 보이게 한 것이다. 예를 들면, 치킨집과 카페를 묶거나 제과점과 카페를 묶는 식이다. 이렇게 부차적으로 얹은 업종을 나는 시너지업종이라 부른다. 즉, 표준업종에다 시너지업종을 묶어 나온 신업종이 통합업종이었다.

우리가 지금까지 창업했던 자영업은 대부분 전통적인 '표준업종'이거나 '통합업종'이었다. 하지만 코로나19 이후에는 또 다른 비즈니스모델이 필요해졌다. 현존하는 업종에 무언가(something)를 입혀야 할 상황으로 바뀐 것이다. 그 무언가는 기술이거나 도구(tool)가 될 것이다.

아래 그림을 보면 쉽게 이해할 수 있을 것이다. 이전까지는 하나의 업종 즉, 표준업종이 동그라미(○)라면 통합업종은 동그라미를 두 개 붙인 형태였다. 두 개의 업종이 가진 본질이 크게 변하지 않았다는 뜻이다. 하지만 이번 코로나19로 여기에 모양이 전혀 다른 네모(□)를 얹게 되는 비즈니스모델로 나타날 것이다. 이렇게 나타난 업종을 나는 '시스템업종'이라 부른다.

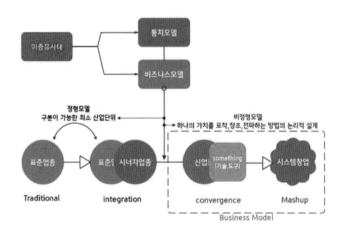

#소상공인 비즈니스모델의 흐름도

따라서 소상공업 네트워크가 취약한 창업자들은 독자적인 창업이 어려워질 수 있다. 향후 나타날 비즈니스모델을 보면 쉽게 이해할 수 있다. 크게 4가지 모델이 될 것이다. 첫째, 드라이브스루 비즈니스모델 둘째, 워크업 윈도우(walk up window)모델, 셋째 이동식점포모델 그리고 디지털 월샵(Digital Wall Shop) 등이다.

우선 드라이브스루 모델은 코로나 바이러스가 엔데믹(endemic)으로 간다면 자연스럽게 정착될 것이다. 다만 우리나라는 입지 여건상 도입이 제한적이다. KB국민은행이 분류한 174개 소상공업종 중 커피, 세탁소, 식료품점 등 15개 업종 정도가 가능하다. 하지만 이마저도 공간이 충족된 입지는 그리 많지 않다.

다음으로 워크업 윈도우를 보자. 흔히들 워킹스루로 부르는 이 모델은 24개 업종 정도에서 채용이 가능하다. 앞으로 가장 많이 도입될 모델이 될 것이다. 일단 기존사업자들이 이 시스템을 채용하려 들 것이고, 창업자들도 이 모델에 관심을 가질 수밖에 없다. 내수시장이 어려운데다 창업비가 큰 부담으로 다가올 것이기 때문이다.

다음으로는 이동식 점포 모델이다. 중국의 이동식 채소상점인 모비마트(Mobymart)형태가 되겠다. 모비마트는 무인 채소상점이 집 앞으로 오는 구조다. 다소 먼 얘기지만 여기에다 아마존고(Amazon go)가 준비하는 향후 모델인 이동형 무인점포로 진화해 나갈 것이다. 지금 일본 자동차회사 토요타가 개발 중인 '이팔레트'가 정점이 될 수 있다. 이팔레트는 고객이 원하는 시간에 자율주행상점이 집 앞으로 오는 시스템인데 내년 올림픽에서 첫 선을 보일 예정이다. (〈무인점포〉 참조)

마지막으로 디지털 월샵은 유동인구가 많은 여유 있는 벽면에 디지털 가게를 차리는 모델이다. 예컨대, 화장품을 이미지로 벽면에 배열하고, 구매자는 QR코드로 성분을 확인할 수 있으며, 앱을 통해 결제하면 자동으로 오더가 내려지는 구조다. 물론 아직까지 선보인 모델은 아니다. 하지만 이를 위한 모든 기술은 충분하기 때문에 조만간 출현하지 않을까 생각된다.

결론을 내 보자. 앞으로 소상공업은 전통적인 업종 창업으로는 한계가 있다. 굳이 코로나가 아니라도 저성장과 인구감소, 실질소득 감소 등이 확실하기 때문이다. 따라서 이러한 전후 시장상황을 감안하면 언급한 새로운 비즈니스모델로 접근하는 것이 바람직하다. 정부도 이런 점을 감안해 소상공인과 스타트업간의 파트너십을 지원하거나 관련 기술을 개발하는 기업에 인센티브를 주는 등의 정책적 배려가 필요한 시점이다.

퍼스트무버들의 창업 동기

First Mover

지난해 청년 스타트업 교류행사로 홍콩과학기술대(HKUST)를 방문했을 때, 대학 관계자가 제일 먼저 소개해 준 졸업생이 있었다. 바로 드론(Drone)의 아이콘으로 회자되는 왕타오(汪滔) DJI(Dà-Jiāng Innovations) 창업자다, 그가 재학 중 만들었다는 여러 종류의 드론은 강의동 사이 공유공간에 전시돼 있고, 학생들은 그를 자랑스러운 롤모델(role model)로 여긴다고 했다.

영문 이름 '프랭크 왕(Frank Wang)'으로 더 잘 알려진 그는 1980년, 중국 저장성(浙江省)에서 소학교를 다녔으나 성적은 좋지 못했다. 부모는 성적이 오르면 그가 원하는 원격 조종이 가능한 장난감 헬기를 사주겠다고 약속했고, 결국 선물로 받았다. 그런데 어린나이에 생소한 물건을 다루다보니 헬기가 자꾸 추락했다. 이를 계기로 자동제어가 가능한 헬기에 관심을 갖기에 이른다.

일본에서 가장 잘 알려진 음식점 평판사이트 '타베로그(食べロ グ)'에서 라멘가게를 검색하면 약 5만1,000개가 나온다.(2019년 8월 현재) 그 가운데 1위에 오른 가게가 도쿄 신코(シンコ_)에 있는 '잇토(一燈)'이다. 이용자 평점은 4.08점이지만 4점 이상을 기록한 가게는 전체 90만 개 음식점 중 0.05%밖에 되지 않는다는 점을 감안하면 대단한 인기다.

이 가게 창업자 사카모토가 초등학생 시절, 부모는 야채가게를 운영하고 있어 늘 귀가가 늦었고, 이 때문에 제때 식사하기가 어려웠다. 어느 날 친구 집에 놀러 갔을 때, 친구 엄마가 밥을 해주었는데 그 맛이 일품이었다. 이를 계기로 요리에 관심을 갖기 시작했고, 초등학교 고학년 때부터는 저녁식사를 준비했다. 부모는 아들의 요리솜씨에 늘 칭찬을 아끼지 않았다. 그때부터 일본에서 가장 맛있는 음식을 만들어 보겠다고 다짐한다.

일반적으로 창업가들은 창업하겠다고 생각한 후에야 아이디어를 찾는 경우가 대부분이다. 하지만 전례에서 보듯 혁신가들은 나이와 상관없이 아주 우연한 기회에 아이디어를 얻고, 창업을 목표로 차근차근 비즈니스모델을 고도화해 나가는 경우가 많다.

스타벅스의 하워드 슐츠. 그가 드립 커피메이커를 주로 파는 스웨덴 기업 햄머플래스트(Hammarplast)의 판매책임자로 근무할 당시, 시애틀의 작은 커피점에서 커피메이커를 대량으로 주문한 점에 주목했다. 수 개월의 관찰 결과 신선하게 배전(roast)한 원두커피를 제공할 뿐 아니라 이탈리아풍의 예술적 낭만이 살아있음에 매료돼 그 작은 커피점 '스타벅스'로 자리를 옮기게 된다. 익히 알려진 대로 스타벅스는 당시 3개의 스토어에 불과한 소규모 커피 소매업체였지만 미래 비전을 보고 좋은 직장을 박차고 나온 것이다.

스타벅스의 모토는 '정서적 일체감'이다. 기업과 종업원, 그리고 고객이 신뢰와 믿음으로 관계를 갖도록 모델링한 것. 그 배경에는 어릴 적 아버지의 영향이 컸다. 아버지의 직업은 기저귀를 수거하고 배달하는 트럭운전사였다. 어느 날 아버지는 직장에서 발목을 삔 사고를 당해 한 달 이상 깁스를 한 채 쉬어야 했다. 그런데, 회사는 아무런 보상이 없었고, 결국 버림받아 인생의 패배자로 생을 마감했다. 이를 지켜 본 슐츠는 '소외되지 않는 조직'을 모토로 삼았다.

하워드 슐츠처럼 경험을 바탕으로 창업한 경우는 아주 많다. 지금은 본사가 독일로 옮겨간 DHL의 창업자 래리 힐브롬(Larry Hillblom)도 버클리법대 재학 중, 한 보험사에서 택배 아르바이트를 했다. 일하면서 두 가지 점에 의문이 생겼다. "더 빠르게 배달할 수는 없을까?", "국제 택배로 확대할 방법은 없을까?" 이 문제를 해결하기 위해 때마침 아메리칸익스프레스(American Express)가 전 세계 신용카드 네트워크를 만들자, 이전부터 사용되던 항공여행카드(Air Travel Card)와 결합해 국제운송사업에 도전해 오늘에 이른다.

1990년대 후반, 우리나라에 도입된 다이소의 '100엔샵'. 창업자 야노 히로타케는 데릴사위로 들어가 장인이 하던 방어 양식장을 물려받았지만 많은 빚을 지고 참담하게 실패했다. 그는 생존을 위해 세일즈맨으로 일하면서도 아르바이트까지 해야 했다. 십여 가지의 잡일을 전전하다가 경험을 살려 잡화상을 열었다.

재고를 싸게 사다가 연 잡화상도 뜻하지 않은 화재로 불타버린다. 어쩔 수 없이 행상으로 끼니를 이어갔지만 연이은 실패는 그를 좌절하게 만들었다. 인생이 허무하다는 생각에 미치자 모든 일이 귀찮아졌다. 잡화에 일일이 단가를 매기는 것조차 하기 싫어서 일괄적으로 100엔짜리 딱지를 붙였다. 바로 그게 티핑포인트였다.

진공청소기를 개발한 제임스 스팽글러. 그는 발명가의 꿈을 좇다가 이혼당하고, 어렵게 얻은 청소부 일자리에서도 해고된다. 골방에서 선풍기를 켜고 가난을 한탄하며 시간을 죽이고 있던 그의 눈을 번쩍 뜨이게 한 일이 있었다. 바로 선풍기 뒷면에 달라붙은 종이였다. 이 현상을 보고 진공청소기를 생각해 낸다.

그런가하면 신용카드를 개발한 프랭크 맥나마라는 친구를 만찬에 초대했다가 지갑이 없어 당황한 경험으로 현금 대체 수단을 생각해냈다. 월트 디즈니는 빈민가를 걷다가 남들이 먹다 버린 음식을 주워 먹는 한 청년을 보고 인사이트를 얻었다.

이들 창업가들과 일반인의 차이점은 무엇일까? 그것은 단 하나, '도전(challenge)' 그것뿐이다. 일단 시작하면 시장이 더 나은 길을 가르쳐준다. 필자도 비즈니스정보를 전역장교들에게 제공하는 데 초점을 맞춰 〈국방일보〉에 기고했다. 전역자들이 민간시장의 트렌드를 더욱 필요로 할 것이라는 판단에서였다. 그러나 의외로 민간인들에게 연락이 많아 민간시장으로 목표를 수정해 오늘에 이르렀다. '움직이지 않으면 그곳에 절대 갈 수 없다'는 건 변하지 않는 진리다.

강자가 되기 위한 3가지 조건

강자가 되는 방법은 세 가지다. 첫째 강압에 의한 것이다. 둘째, 대가를 지불하는 것. 그리고 나머지 하나가 매력이다. 앞선 두 가지 조건은 정당하지 않거나 쉽게 따라할 수 없는 방법이다. 하지만 매력은 누구나 노력하면 가능한 방법이어서 '매력'이 있다.

매력의 사전적 의미는 '사람의 마음을 사로잡아 끄는 힘' 혹은 '다른 사람들을 기쁘게 하거나 끌어들이거나 매료시키는 성질'이다. 하지만 나는 '상대가 나의 마음속에 있는 유일한 사람인 것처럼 느끼게 하는 힘'으로 생각하고 있다. 이처럼 매력은 상대가 있기 때문에 성립되는 사회적 자본이라 할 수 있다.

매력 있는 사람은 주변에서 그를 돕고 싶어 하는 사람들이 자발적으로 모인다. 런던비즈니스스쿨 조직행동학 교수 라이나 브랜즈(Raina Brands)의 말처럼 "매력은 한정돼 있지 않은 품질"이어서 확장성도 매우 크다.

따라서 권력과 큰돈으로 휘어잡을 상황이 아니라면 매력보다 더 좋은 '강자가 되는 방법'은 없다. 매력은 인간관계는 기본이고 비즈니스 협력관계, 나아가 상호 경쟁관계에서도 필수적인 사회 자본이다.

매력자본은 크게 두 가지다. 하나는 '보편적 매력'으로 가족, 친구, 직장동료와 같이 이른바 안전지대(Comfort Zone)에서 필요한 매력이다. 다른 하나는 '생산적 매력'이다. 경쟁과 협력이 요구되는 사회활동, 비즈니스에서 작동하는 레드존(Red Zone) 영역에서의 매력이다.

먼저 '보편적 매력'을 갖기 위해서는 3가지 요소가 필요하다.

첫째는 '공감'이다. 남의 감정이나 의견에 대해 자기도 그렇다고 느끼는 것을 말한다. 그러기 위해서는 자신만의 특이함은 잠시 제쳐두고 공통의 관심사를 찾아야 한다. 안타깝게도 요즘 이런 사람을 찾기가 쉽지 않다. 말을 자주 끊거나, 조크에 '썩소' 하거나 대화 중 휴대폰을 갖고 노는 등의 무례는 다반사다. 공감이란 게 별거 아니다. 미소로 들어주고 맞장구를 쳐주면 된다.

둘째는 '관심'이다. 상대가 했던 얘기를 기억하고 질문해 보자. 예상하지 못한 칭찬이 호감에 더 큰 영향을 미치는 득실효과(gain-loss effect)를 얻을 수 있다. 나아가 상대가 필요한 것이 무엇인지를 염두에 뒀다가 염려해 주는 마음이 필요하다. 사려가 깃든 관심, 그것만으로도 큰 고마움을 느낀다.

그리고 세 번째는 '인정(認定)'이다. 상대 의견에 대한 믿음을 말한다. 물론 진정성이 배어나야 한다. 어린아이나 치매노인을 케어(care)할 때, 가장 효과가 큰 방법이 바로 인정이라는 사실을 한번 생각해 볼 필요가 있다. 인간은 원초적으로 인정받기를 원하기 때문일 것이다.

여기까지는 우리 일상에서 보편적으로 통하는 매력이다. 그러나 시장에서는 이것만으로는 생산적 효과, 즉 매력이 수익으로 연결되지 않는다. 따라서 매력이 생산적 자본이 되려면 언급한 보편적 매력에다 아래의 세 가지 매력 조건을 더 갖춰야 한다. 나는 이러한 매력을 '생산적 매력'이라고 규정한다.

첫째, '연결'이다. 자신이 갖고 있는 인적·물적 자산을 연결해 주려는 마음이 필요하다. 아무리 보편적 매력이 있어도 직접적인 도움을 주지 못하면 금세 시들해진다. 사실 매력 있다고 생각하는 사람에게 접근하는 이유는 뭔가 현실적인 도움을 받을 수 있다고 생각하기 때문이다.

둘째, 지적능력이다. 최소한 상대에게 조언해 줄 수 있어야 한다는 의미다. 지적이라고 생각하는 사람들 가운데는 '아는 체' 하는 병이 있다. 모르면 모른다고 하고 물어보면 더욱 매력도가 높아진다. 선한 단어를 사용해야 하는 것은 기본이다. 같은 말이라도 꼴 → 모양 → 모습 등으로 다르게 표현할 수 있기 때문이다.

그리고 세 번째는 '좋은 스토리텔러'가 돼야 한다. 같은 문제도 긍정적인 방향으로 해석하면 훨씬 돋보인다. 특히 조심해야 할 점은 제 삼자를 헐뜯는 말은 만들어서도 안 되고, 해서도 안 된다. 돌아서면 그 화살이 자신에게 올 것이라고들 생각하기 때문에 마음을 열지 못한다.

윈저효과(Windsor effect)라는 것이 있다. 당사자가 아닌 제 삼자를 통해 들은 바른 정보가 더 큰 효과를 발휘한다는 개념이다. 이른바 '한 다리 건너 아는 사람'인데 나를 잘 아는 관계자보다 제3자 관계에 있는 사람이 더 큰 이익을 가져다주는 경우가 많다. 남의 말을 함부로 해서는 안 되는 이유다.

지금까지 제시한 매력의 조건 즉, '매력의 3X3효과'를 잘 갖추면 강압하거나 대가를 지불하지 않고도 아름다운 관계를 유지하면서 고마운 보상을 받을 수 있다. 낯설지만 자극을 반복해 접하면 호감이 생기는 단순노출효과(mere exposure effect)로 얻어진 매력은 결코 오래가지 못한다. 궁극적으로 매력은 '가치를 나누는 관계에서 성립되는 호혜'이기 때문이다. 강자가 되려는 기업가가 '매력 있는 사람'으로 모델링해야 하는 이유다.

글로벌기업들은 상호 네이밍을 어떻게 했을까

2017년 말, 미국의 한 IT기업 주가가 2,700% 이상 급등한 일이 있었다. '크로에(Croe)'에서 '크립토(Crypto)컴퍼니'로 상호만 바꿨을 뿐인데 시장이 크게 반응한 것이다. 크립토는 '비밀·암호'란 뜻으로 '크립토 커런시(cryptocurrency)' 즉, 최근 부상한 가상화폐를 연상케 한 덕분이다. 실제로 이 회사 홈페이지에 들어가면 "우리는 크립토에셋 생태계를 구축하고 있습니다" 정도뿐 폭등할 만한 특이사항은 없다.

이처럼 유행에 따라 상호를 바꾸기도 하지만 일반적으로 상호는 공유가치 이상의 무엇이 있다. 그래서 창업가들은 상호에 남다른 의미를 부여해 네이밍(Naming)한다. 혹여 사업이 잘 안 되면 "상호 때문은 아닐까?" 해서 바꿔보기도 한다. 그렇다면 글로벌기업들의 상호는 어떻게 만들어진 것일까?

휴렛패커드(HP)의 공동 창립자인 빌 휴렛(Bill Hewlett)과 데이브 패커드(Dave Packard)는 회사 이름을 'Hewlett-Packard' 또는 'Packard-Hewlett'로 할 것인지 결정하기 위해 동전을 던졌다. 서로 양보하다가 동전던지기로 결정한 것이다. 맥도날드(McDonald's)나 존슨앤존슨(Johnson & Johnson)도 형제, 혹은 파트너 이름을 묶은 상호들이다. 동업자의 결속을 약속하기 위해서인 듯하다.

설립자의 이름을 딴 상호는 자동차와 패션기업에서 가장 두드러지게 나타난다. 쉐보레(Chevrolet)는 카레이서이자 자동차 엔지니어인 로이 쉐보레(Roy Chevrolet)의 이름을 붙였고, 크라이슬러(Chrysler), 페라리(Ferrari), 르노(Renault), 포르쉐(Porsche), 포드(Ford) 등이 모두 설립자의 이름에서 따왔다. 일본의 자동차 제조업체 혼다(Honda)와 토요타(Toyota) 역시 이들 선도기업을 미러링(Mirroring)한 이름들이다.

패션기업으로는 Adolf (Adi) Dassler의 이름에서 아디다스(Adidas)가 나왔고 구찌(Gucci), 프라다(Prada) 등도 모두 설립자의 이름에서 따왔다. 그런가 하면 항공사 보잉(Boeing)도 설립자 윌리엄 E. 보잉(William E. Boeing)에서 가져왔고, 유통업체 월마트, 글로벌 물류업체 DHL, 타이어 제조업체 굿이어(Goodyear)와 브리지스톤(Bridgestone) 등도 모두 창립자의 이름에서 나왔다.

소스업계에서 세계적인 명성을 얻은 중국의 '이금기(李錦記)'라는 브랜드가 있다. 광둥(廣東)지방에서 식당을 운영하던 창업자는 1888년, 굴 요리를 하던 중 불 끄는 것을 깜빡 잊고 졸고 있는 사이 굴이 졸아들었는데, 그 맛이 아주 탁월해 이를 소스로 만들었다. 이금기는 창업자 이금상(李錦裳)의 이름에 기(記)자를 더해 만들어진 상호인데 기(記)자는 '자신의 이름을 걸고 사업한다'는 의미다.

여기서 '이름을 건다'는 것은 신념(Belief)의 다른 표현이다. 신념은 기업의 비전(Vision)이나 사명(Mission)을 함의(含意)하고 있다. 바로 이 신념에서 조직이 미래에 가야할 길(Vision), 중장기적으로 이루고자 하는 것(Mission)이 나온다. IT기업 애플의 신념(Belief)은 "우리가 하는 모든 것이 현 상황에 대한 도전(Everything we do challenges the status quo)"이다.

애플을 IT골리앗(goliath)으로 만든 스티브잡스. 그는 상호를 왜 '애플(Apple)'이라고 지었을까? 이에 대해 잡스는 생전에 "개인적으로 농장에서 일한 경험이 있어서 사과를 좋아하지만, 그보다는 Apple이 전화번호부에서 아타리(Atari)보다 앞서기 때문"이라고 밝힌 바 있다. 아타리는 일본 바둑용어 '아타리(アタリ)'에서 따왔는데 1972년 세계 최초의 비디오게임회사로 잡스가 잠시 일했던 곳이기도 하다. 아마도 선도기업인 아타리를 뛰어넘고 싶은 간절함이 녹아든 것은 아닌가 싶다.

과일 이름으로 작명한 기업들은 이외에도 아주 많다. 캐나다의 휴대폰 제조업체 블랙베리(Blackberry)는 제품에 부착된 작은 버튼이 블랙베리 과일의 씨앗과 닮은데다 검은색이었기 때문에 채택됐다. 영국의 스토리지 전문기업(Strawberry Global Technologies)은 딸기를, 영국의 유명한 IT기업 '에이콘컴퓨터(Acorn Computer)'는 도토리를 기업명으로 채택했다. 이후 일단의 IT기업들이 과일 이름으로 네이밍하는 유행을 낳았다. 최근에는 ING생명이 '오렌지라이프'로 상호를 바꾸기도 했다.

과일회사라면 주력상품이 과일이기 때문에 당연시되지만 전혀 관계없는 기술 기반 회사가 왜 과일 이름으로 상호를 지을까? 그것은 기억하기 쉽고 단순하며 친숙하기 때문이며, 변하지 않는 콘셉트로 적합했기 때문으로 보인다. 이외에도 유통업체 카르푸(Carrefour)나 정보통신기업 시스코(Cisco), 노키아 등은 창업지역의 지명이나 강 이름에서 따왔고, 에이수스(Asus)나 샘소나이트(Samsonite)는 고대 신화나 성경에서 얻은 이름들이다.

이처럼 과거에는 설립자들의 특별한 신념, 혹은 아마존이나 애플처럼 알파벳의 앞 글자 혹은 발음이 유연하고 암기가 쉬운 상호들이 주류를 이뤘다. 하지만 최근에는 소셜미디어 앱 틱톡(TikTok), 미국판 '지식인' 쿼라(Quora) 처럼 격음(激音)으로 튀는 네이밍이 이용자들 뇌리에 더 빨리 스며드는 것 같다.

지난 추억이지만 필자도 여러 업종을 창업하면서 상호명에 고민을 많이 했다. 국제회의 대행업을 하면서는 '대륙간 지식을 유연하게 판다'는 의미로 셀란디아(Sellandia)로, 무역업을 할 때는 아이들의 기운을 받아 성공해 보겠다며 두 딸의 이름을 조합한 '은진교역'으로, 그리고 여러 나라 창업 정보를 한데 묶은 포털을 만들어 보겠다며 '비즈니스유엔'으로 네이밍했다.

대체로 상호에는 설립자의 혼이 담겨 있다. 소비자들은 그 상호를 보고 설립자의 신념을 유추하거나 기업이 추구하는 가치와 방향을 읽어내기도 한다. 상호는 사업의 시작이자 끝이다. 창업가들이 네이밍을 소홀히 해서는 안 되는 이유다.

스페럴리스트의 시대

Speralist

"대기업에 취직해 가문의 자랑이 된 건 3년 전. 그러나 지금 나는 불안하고 우울할 뿐 입사 당시의 설레임은 전혀 없다. 지금 나는 어디로 가야 할까 방향조차 잡지 못하고 있다." 국내 최초 '컴 테라피스트(comm.therapist)' 한혜연 씨를 찾아 온 한 청년의 고백이다. 이러한 고민을 가진 사람들에게 불안한 미래를 재설계할 수 있도록 도움을 주는 한 씨가 커뮤니케이션 테라피스트라라는 새로운 일로 모델링해 론칭한 것은 3년 전. 지금은 하루 평균 6명의 내담자에게 대화를 통해 인생의 방향을 찾아주는 일을 하고 있다.

한 씨가 처음부터 이 업(work)을 생각해 낸 것은 아니다. 원래 그녀는 국내 유명 예고와 미대를 거쳐 미국에서 순수미술까지 전공한 정통 미술학도였다. 그러던 중 안 해보면 후회할 것 같아서 뉴욕에서 바텐더를 잠깐 했다. 여기에서 매일같이 새로운 고객을 만나 사연을 기억하고 얘기를 들어주면서, 고독을 뱉어내는 미술 보다는 마음을 나누는 카운슬링이 더 즐겁게 할 수 있는 일이라는 걸 처음 알게 됐다.

바텐더는 그녀의 숨겨진 재능을 끄집어 내게 한 소중한 경험이었다. 하지만 버킷리스트 중 하나일 뿐이었기에 다음 버전, 이른 바 격에 맞는 새 일을 찾아야 했다. 다시 지나온 경험에서 떠오르는 키워드를 조합해 봤다. 미술의 '관찰', 바텐더의 '소통'을 묶었더니 커뮤니케이션 테라피가 자연스럽게 떠올랐다. 더욱이 비정서적 4차산업혁명시대에는 심리나 정서가 더욱 필요할 것이라는 판단도 작용했다. 전문성을 높이기 위해 명문 사립대에서 상담심리학 석사과정도 이수했다.

십수 년 전, 대덕연구단지에는 미국에서 유명한 석탄전문가가 비싼 값에 초빙돼 왔다. 높은 임금과 자동차, 주택까지 제공하는 조건이었다. 7년 후, 그는 보직을 잃었고 결국 알코올중독자로 전락해 연구소를 떠났다. 에너지가 석탄에서 오일로, 다시 재생에너지로 바뀌고 있는데 그는 오직 석탄을 연구한 스페셜리스트(Specialist)였기 때문이다.

언급한 두 사례는 미래사회에서의 사회적 역할, 즉 일(work)의 방식이 어떻게 변해야 하는지를 잘 보여준다. 한혜연 씨처럼 시대적 패러다임의 이동과 궤적을 같이하면서 트렌드의 최전선에서 업을 수행하는 사람을 나는 특별히 '스페럴리스트(Speralist)'라 부른다. 결론부터 얘기하자면 미래에는 스페셜리스트가 아니라 스페럴리스트 시대가 될 것이다. 얕지만 넓은 지식(generalist)을 기반으로 시대적 결(texture)에 따라 전문성을 바꿔가는 에이플레이어(A-Player)를 말한다.

그 이유를 보자. 일하는 방식은 크게 3가지다. 백오피스(Back office), 전문가(Specialist), 그리고 크리에이터(Creator)가 그것이다. '백오피스'는 일선업무를 지원해 주는 후방업무를 말하며, 전문가는 한 분야에 정통한 지식을 가지고 직(職)을 영위하는 사람을, 그리고 크리에이터는 창의적인 일을 하는 사람을 말한다.

일하는 패턴은 어떤가? 백오피스는 정규직이나 기간제와 같이 고용 형태에 차이는 있지만 모두가 조직에 소속돼 있다. 사무직 업무는 그 사무를 요구하고 관리하는 기업이 없으면 성립되지 않는다. 기업이 일정한 대가를 주는 대신 매뉴얼에 따라 움직이고 KPI에 의해 평가받는다. 일의 범위가 이미 정해져 있다는 뜻이다.

전문가는 일반적으로 조직에 속한 일원으로 일을 한다. 예컨대, 컨설턴트는 연구소에, 디자이너는 광고회사에, 그리고 PD는 방송국에서 계약조건에 따라 일한다. 반면에 크리에이터는 임금을 받고 일하는 경우도 있지만 일반적으로 자유롭게 업(work)을 하는 비중이 상대적으로 높다. 포럼이나 조합같이 개방된 조직의 일원으로 일에 참여하거나 프로젝트에 참여하기도 하고 강의나 저술 등으로 생활한다. 흔히들 말하는 '자유로운 영혼'에 속하는 그룹이다. 바로 이 크리에이터 중 일정부분 보상이 담보된 전문가가 스페럴리스트(Speralist)인 것이다.

앞으로 세 그룹의 미래는 어떻게 달라질까?

모든 일의 미래를 판단하는 근거는 '확장성'에 있다. 지금 하고 있는 일이 확장성이 있다면 미래는 확실히 유리한 것이며, 반대의 경우는 불확실하다. 그리고 그 확장성은 보상 정도 즉, 대가에 의해 결정된다. 직(職)보다 업(業)의 확장성이 월등하다는 점은 이론이 없다.

전제조건을 이해했다면 백오피스의 미래는 쉽게 예측이 가능하다. 백오피스는 확장성이 거의 없다. 만일 연봉 5,000만 원의 근로라면 아무리 일을 잘해도 딱 그만큼 받는다. 전문가도 마찬가지다. 계약에 의해 소속된 전문가는 백오피스와 마찬가지로 정해진 임금만큼만 받는다. 현재도 PC로 작업이 가능한 업무 중 70%는 RPA(Robotic Process Automation)로 대체 할 수 있다.

그러나 크리에이터는 다르다. 만일 작가라면 동영상 콘텐츠가 필요한 시기에는 스크립터로, 게임 산업이 뜬다면 게임시나리오 작가, 플랫폼사업이 유망할 때는 스토리보드 작가로 변신할 수 있다. 산업의 변곡점이 생길 때 마다 갈아탈 수 있어 확장성이 높다. 뿐만 아니라 그에 상응하는 대가도 적지 않다. 창의력은 대부분 트렌드와 동행하기 때문이다. 게다가 하나의 지식을 멀티유즈(Multi-use)할 수 있어서 생산성이 뛰어나다.

이제 우리는 조만간 화이트·블루칼라 같은 고용관계가 아닌 스페셜리스트와 기그(Gig)노동자 같은 비정형 프로젝트와 만나게 될 것이다. 여기서 '기그 노동자'는 온라인 플랫폼에서 부정기적으로 일을 하는 근육노동자를 말한다. 일의 개념과 행태가 달라지고 있다는 뜻이다. 이를 위해 제너럴한 지식을 산업의 물결에 따라 스페셜하게 모델링(Modeling)해야 하는 시점에 와 있다. 인생도 모델링이 필요한 이유다.

창업은 타이밍

2002년으로 기억된다. 나는 디자인을 공부하고 있는 친구를 만나기 위해 캘리포니아를 갔다. 마침 큰 딸이 뉴욕에서 연수 중이라 겸사겸사 떠난 여행이었다. 친구의 안내를 따라 샌프란시스코 골든게이트(golden gate)를 지나 20여 분을 가자 작은 건물의 사무실에 도착했다. 그 회사가 바로 '캘리포니아 스페이스 오거나이저(California Space Organizers)'다.

이 회사의 기본 사업모델은 맞춤형 벽장(closet)과 수납장(organizer)을 만드는 회사다. 그런데 당시 신제품 하나를 출시하려고 준비 중이었다. 그 제품은 다름 아닌 '정장 다림 냉장고(?)'였다. 그 회사 디자이너는 "앞으로 직장인들에게 인기 있는 트렌드 제품이 될 것"이라며 그 배경을 설명했다.

15년 후, 언급한 제품이 우리나라 대기업에서 만들어 팔기 시작했다. 요즘 인기를 끌고 있는 LG '스타일러'나 삼성 '에어 드레서' 같은 것이다. 내가 신제품에 관심이 있다는 걸 알고, 혹시라도 관심 있으면 한국에 수입해 팔면 어떻겠느냐고 정보를 주기 위한 동행이었다.

그즈음 흥미로운 사업모델을 컨설팅하고 있었다. 바로 '스테프핫도그' 브랜드를 가진 '유니스테프'라는 덴마크 기업이다. 사실 이 모델은 자신이 없었다. 왜냐하면 핫도그 하나에 7,500원 ~9,500원으로 꽤 비쌌기 때문이다. '핫도그' 하면 길거리음식이라는 인식이 강했고, 1,000원이면 두 개나 주는 정도여서 '과연 소비자들에게 먹힐까?' 하는 생각이 들어서였다.

일단 외국인이 많은 지역을 선택하기로 하고, 이태원에 1호점을 냈다. 오픈하는 날, 아주 특별한 이벤트를 하기로 했다. 한국주재 덴마크대사가 일일 주방장을 맡기로 한 것이다. 그게 가능하다는 기업 대표의 얘기에 나는 적잖이 놀랬다. "아니, 민간 프랜차이즈 기업의 가게 오픈 날 정부를 대표하는 대사가 주방장을 한다고?" 당시 우리나라 관료들의 권위적인 분위기와 너무나 대비되는 모습이었다.

그 뿐만 아니다. 마침 월드컵이 열리고 있었는데, 덴마크 선수들이 대구에서 경기를 마치고 단체로 이곳에 응원오기로 한 것이다. "젠장, 우리 기업들은 해외에 가서 KOTRA 직원의 지원을 받기도 쉽지 않은데, 대사에서 월드컵 선수들까지 응원하러 온다니". 참 부러웠던 기억이다. 지금은 온전히 자리 잡은 브랜드지만 아쉽게도 당시에는 큰 빛을 보지 못했다.

또 다른 브랜드 하나를 비슷한 시기에 컨설팅을 했다. 남극에서만 잡히는 새우 즉, 크릴 요리 전문점이다. 론칭(launching)하려는 기업은 남극에 상선을 3척이나 가진 중견기업이었다. 크릴(Krill)은 노르웨이어로 작은 치어라고 한다. 이 기업의 대표는 "흰긴수염고래와 황제펭귄의 주식이기도 하지만 단백질이 풍부해 미래의 식량이 될 것"이라며 기대에 부풀어 있었다.

우선 메뉴를 개발하고 상권을 분석한 다음, 강남에 안테나샵을 열었다. 이색적인 메뉴 때문인지 처음에는 반응이 좋았다. 그러나 이 회사가 기대한 수준까지는 미치지 못해 결국 문을 닫았다. 영양은 좋을지 몰라도 양식 메뉴와 큰 차이가 없고, 생각보다 맛이 덤덤하다는 평이었다. 15년이 지나가지만 아직도 크릴요리 전문점은 나타나지 않고 있다.

이보다 조금 전인 1997년, 일본의 이케부쿠로에서 의미 있는 점포 하나를 발견했다. 바로 무인상점이었다. 길게 벽면에 만들어진 쇼윈도에 가공식품과 규격화된 채소류가 담겨져 있고, 각각 번호가 매겨져 있었다. 사고자 하는 제품번호를 누르면 합산된 금액이 청구되고, 결제를 마치면 수평으로 움직이는 로봇이 이를 가져다 배출구로 나오게 설계됐다.

당시 만난 개발자는 일본은 인건비가 상승해 종업원을 구하기가 어렵고, 손님들이 고객과 마주하는 것을 기피하는 이른바 '언택트(Untact)' 경향이 늘어나고 있어 이런 아이디어가 나왔다고 설명했다.(〈무인점포〉 참조) 15년 후쯤 우연히 우리나라 지하철 역에서 유사한 모델을 볼 수 있었다. 하지만 스케일과 완성도는 많이 떨어졌다.

이런 경험을 하면서 나는 한 가지 궁금한 점이 생겼다. 아이템(비즈니스모델)이 어디서 어떤 경로로 흐르는지에 대해서다. 당시만 해도 우리나라에 지극히 전통 업종을 제외하면 대부분 도입 브랜드였다. 그래서 한두 업종을 역추적해 보기로 했다. 먼저 당시 우리나라 주부창업 아이템으로 선보인 비즈(beads) 소품을 따라가 봤다. 비즈는 수예품, 실내장식 등에 쓰는 구멍 뚫린 작은 구슬을 말한다.

먼저 일본으로 향했다. 일본에서 처음 시작한 사람을 찾았다. 그는 여행가였다. 유럽을 여행하다가 비즈를 발견했고, 예쁜 비즈만 골라 사와서 1990년에 전문점을 열었다고 했다. 처음에는 잘 안됐는데 '잃어버린 20년'을 겪으면서 25세 이하의 여성들에게 인기를 얻고 있다고 배경을 설명해 줬다. 나만의 액세서리를 만들면서도 값은 30% 정도 저렴하다는 설명도 덧붙였다.

이번에는 비교적 단순한 놀이기구 하나를 추적했다. 역번지점프다. 번지점프는 이전에도 있었지만 당시만 해도 우리나라에는 역번지점프 기구는 없었다. 수소문 끝에 나고야에 있다는 걸 확인하고 그곳으로 향했다. 땅이 닿는 위치에서 탄력 있는 고무의자에 앉으면 높이 솟구쳐 몇 차례 빙글빙글 도는 구조였다. 둘의 차이점은 번지점프의 경우, 계곡 같은 입지가 필요하지만 역번지점프는 작은 공터에서도 충분히 가능하다는 점이다. 그로부터 수년 후, 인천 송도에 역번지점프가 생겼다.

나는 몇 가지 업종을 추적해 본 결과, 두 가지 중요한 사실을 알게 됐다. 그 하나는 어떤 업종이 우리나라에 도입되기까지는 대략 15~20년 정도 걸렸다. 아이디어는 유럽에서 출발한 경우가 많았고, 미국에서 일본까지는 8년 전후, 다시 우리나라에 도입되기까지는 다시 7년 전후였다.

다른 하나는 타이밍(Timing)이다. 외국에서 잘 된다고 우리나라에도 잘 된다는 보장이 없다. 물론 정부 정책, 창업가 역량 등 여러 변수가 작용하지만 원천적으로 이러한 배경에는 문화의 차이와 국민 의식수준의 격차(gap), 그리고 1인당 국민소득이 핵심요인이었다.

피봇을 통해 급성장한 스타트업들

Pivot

2019년 글로벌 브랜드파워 34위에 오른 세계 최대의 주문형 콘텐츠 서비스업체 넷플릭스(Netflix). 2020년 4월 21일 발표한 1분기 매출은 전년 동기 대비 28% 증가한 57억7,000만 달러, 순이익은 2.1배 늘어난 7억910만 달러였다. 다른 기업과는 달리 코로나19가 오히려 마케팅을 도운 결과를 낳았다.

넷플릭스는 인구 1만 명 남짓인 미국 캘리포니아의 작은 도시 스콧츠밸리(Scotts Valley)에서 출생했다. 그러나 처음부터 지금의 넷플릭스는 아니었다. 인기 비디오(peak video)와 DVD를 우편으로 배달해 주는 서비스로 시작했다.

당시에는 비디오가게에서 빌려보던 시대여서, 창업한 스콧츠밸리처럼 가게와 먼 곳은 빌려보기도 쉽지 않은 점에 착안했다. 당시 배달봉투가 빨간색이어서 '작은 빨간 봉투(little red envelope) 회사'로 불렸다. 지금은 일반화됐지만 이른바 음식을 배달하는 '그럽허브(Grubhub)'나 '도어대시(DoorDash)' 같은 모델이다.

이후 아이튠즈(iTunes)같이 인터넷을 통해 구매하거나 대여해 주는 비즈니스모델로 전환한다. 넷플릭스의 성장은 오프라인 비디오 가게를 초토화시켰지만 고객들은 '신의 선물'이라며 환호

했다. 광대역 웹이 일반화되자 이번에는 3차 고도화를 준비한다. 바로 스트리밍서비스로의 전환이다. 사실 스트리밍서비스는 이전에도 다양한 채널들이 있다. 프리미엄 영화채널 〈HBO〉, 케이블TV 채널 〈숏타임〉(Showtime), 그리고 OTT서비스를 제공하는 〈훌루〉(Hulu)와 같은 콘텐츠 채널이다. 이들 플랫폼을 이기기 위해 '콘텐츠의 월마트'라 불릴 만큼 다양한 장르의 콘텐츠를 확보했다.

하지만 다른 채널들 역시 콘텐츠 확보능력이 없는 것은 아니다. 이렇게 되면 결국 같은 메뉴로 가격경쟁을 할 수밖에 없다. 그래서 나온 4차 전략은 독창적인 콘텐츠와 라이센스 콘텐츠로 승부해야 한다는 판단에 이른다. 즉, 영화나 다큐멘터리 등을 자체적으로 제작하기 시작한 것이다. 이렇게 몇 번의 고도화 과정을 거친 넷플릭스는 이제 현지화 전략으로 나선다. 그 지역에 맞는 콘텐츠를 서비스하는 전략이다.

2012년 10월, 다큐멘터리 '갈등의 기술(Art of conflict)'로 시작된 자체 제작물은 여경이 살인사건을 두고 펼쳐지는 스릴러물 '코라조나다(La Corazonada)'를 아르헨티나를 배경으로, 스페인어로 제작해 2020년 5월 28일 공개했다. 2018년 6월에는 태국 치앙라이주의 한 축구클럽에 소속된 어린 선수들이 동굴관광에 나섰다가 고립되는 사건도 자체 제작에 들어갔다.

언급한 넷플릭스의 사례처럼 기업이 성장해 가면서 단계적으로 구조를 바꾸는 것을 피봇(Pivot)이라고 한다. 피봇은 농구, 핸드볼 같은 구기나 댄스에서, 한 발을 축으로 회전하는 것을 말한다. 즉, 비즈니스모델의 핵심 가치는 유지하되 경쟁업체를 따돌리기 위해

방향이나 형태를 일부 바꾸는 것인데, 대부분의 기업은 피봇과정을 통해 성장한다.

유튜브 역시 넷플릭스와 비슷한 피봇 과정을 거쳤다. 유튜브는 2005년 창업 당시, 튠인훅업(Tune in hook up)이라는 비디오 기반, 데이트 서비스였다. 사용자들이 자신의 이상형을 설명하는 짧은 비디오를 업로드해 상호 매칭하는 형태였지만 성공하지 못했다. 이용자들은 이성간 만남보다 오히려 자신의 일상을 동영상으로 올리는 것을 즐겼다. 여기에서 인사이트를 얻어 동영상 공유플랫폼으로 방향을 바꾸게 된다. 그 덕분에 피봇 1년 만에 급성장해 16억5,000만 달러에 구글이 인수했다.

인스타그램(Instagram)은 사진 공유 SNS 플랫폼이다. 하지만 처음부터 지금의 비즈니스모델로 시작한 건 아니다. 소셜네트워크 게임 스타트업인 마피아워즈(Mafia Wars)와 위치 기반 SNS 서비스인 포스퀘어(Foursquare)를 조합해 만든 비즈니스모델로 창업한 '버븐(Burbn)'이라는 스타트업이었다.

이 앱(app)은 이용자가 어느 위치에 체크인해 스토리를 공유하고 사진을 올릴 수 있도록 단계별로 설계됐다. 하지만 이용자들은 이전 과정을 생략한 채 사진만 올리는 데 열을 올렸다. 여기서 영감을 얻어 인스턴트(instant)와 텔레그램(telegram)을 묶어 인스타그램으로 피봇한 후 급성장한다. 551일 동안 존재한, 직원이 불과 12명이던 작은 스타트업은 페이스북이 10억 달러에 매입하게 된다.

언급한 유튜브나 인스타그램의 피봇 과정을 보면 공통점이 하나 발견된다. 바로 소비자행동에서 인사이트를 얻었다는 점이다. 아직도 상당수 기업은 소비자의 불만을 소음(noise)으로 생각하는 경우가 있다. 하지만 소비자의 반응을 잘 수렴하면 기업에 얼마나 멋진 사운드(sound)로 돌아오는지 위 사례는 잘 보여주고 있다.

소셜커머스의 효시인 그루폰(Groupon)은 2007년, 더포인트(The Point)라는 소셜 미디어 플랫폼을 오픈하면서 시작됐다. 아이디어는 공동 창업자인 앤드류 매이슨(Andrew Mason)이 휴대폰 계약을 취소하려고 했으나 거부당한 경험에서 나왔다. 당시 비즈니스모델은 사회문제를 다수의 힘을 모아 '원인'으로 해결해 보자는 일종의 사회운동 차원이었다.

하지만 기업의 지속성에 문제가 생기자, 이번에는 사회문제 해결에서 소비자행동으로 살짝 비틀었다. 처음 시도한 방법은 그의 아내와 친구들이 사던 고가의 지갑이 턱없이 비싸다고 판단하고, 20명이 함께 살테니 할인을 해달라고 요청하면서 시작됐다. 그루폰이 '그룹'(group)과 '쿠폰'(coupon)의 합성어라는 점에서 알 수 있듯이 이른바 공동구매의 시작이었다.

이처럼 피봇한 비즈니스모델의 특징은 창업자가 가진 미션, '사회적 문제'가 기반이라는 점은 같다. 하지만 아무리 좋은 미션이라도 이익이 나지 않는 기업은 지속하기 어렵다고 판단해 영리수단을 하나 얹은 것이다. 우리나라는 사회적기업(social enterprise)이 정부 주도로 이루어지고, 자금도 지원하고 있지만 수익구조가 취약한 사례가 많아 민간 주도의 해외 사례는 시사하는 바가 크다.

대부분의 글로벌기업도 피봇 과정을 거친다. 페이팔(PayPal)도 99

년, 컨피니티(Confinity)라는 포켓용 컴퓨터(Palm Pilots)를 통해 지갑 대용 서비스로 시작해, 온라인 지불시스템으로 피봇했고, 쇼피파이(Shopify)도 스노우보드 쇼핑몰로 시작해 오늘날 다국적 전자상거래 플랫폼으로 거듭났다.

일반적으로 피봇은 매몰비용을 수반한다. 그때까지 들어간 돈과 시간을 날려 보내는 아픔이다. 하지만 장수기업의 순위가 해마다 바뀌듯이 지속성과 경쟁우위를 갖기 위해서는 끊임없는 피봇이 필요하다. 사람이 매력을 유지하기 위해 옷을 바꿔 입듯이 기업이 고객을 유인하고 록인(rock in)하려면 소비자의 니즈를 견인하는 선제적 피봇이 필요하다. 코로나19로 촉발된 뉴노멀(New normal) 시기에 기업의 피봇은 선택이 아니라 소비자를 위한 의무임을 알려주고 있다. 그것도 나중이 아니라 "지금 당장!(Just Now!)"

인조인간과 협업하는 시대

이번엔 다소 도발적인 이슈로 시작해 미래의 창업환경을 예측해 보려고 한다. 청년시절, 이성 간 미팅을 하면 으레 따라 붙는 이슈가 '사랑의 방법론'이다. 참여자들은 대체로 플라토닉사랑(platonic love), 즉 정신적인 연애가 우선이며 나중에 따라오는 것이 육체적 사랑(eros)이라고 말한다.

그렇다면 사랑이 정신에서 육체로 옮겨가듯이, 육체에서 정신으로 넘어가는 것은 불가능한 일일까? 그로부터 수년 후, 우연히 논문 하나를 발견했다. 정신적 사랑과 육체적 사랑의 비중이 55:45 정도라는 것이다. 즉, 어느 쪽으로 가든 사랑의 관계는 이어질 수 있다는 뜻이다.

이번에는 물상의 세계로 넘어와 좀 더 다른 각도에서 생각해 봤다. 1990년대 초까지 우리는 관계가 단절된 PC(Personal computer)를 썼다. PC는 글자 그대로 개인용 컴퓨터여서 서로를 연결하지 못했다. 당시 우리 사회는 수직사회였다. 탑다운(Top-down)으로 이어지는 상하관계였다는 뜻이다. 일종의 스윔레인(Swim lane) 매트릭스시대다. 윗사람이 퇴근한 후에야 아랫사람이 눈치 보며 퇴근하던 시대이기도 하다. 이 시기에 우리는 기능적(Integration) 사고에 익숙했다.

1990년대 중반부터 PC는 온라인으로 연결된다. 즉 각각의 PC가 병렬로 연결된 것이다. 물상의 병렬연결은 인간사회를 수평관계로 이끌었다. 그때부터 조직관계는 네트워크사회로 진입한다. 직급과 근무연수가 아닌, 각기 가진 역량과 관심도에 따라 관계망이 형성되던 시기다. 윗사람이 퇴근하는 시간과 관계없이 업무성과에 따라 출퇴근이 이루어지기 시작하던 즈음이다.

정확하게 2000년 1월 1일, 한 포털사이트의 인터넷 가입자 비중은 53:47로 여성이 남성을 앞지르기 시작한다. 양성평등이 이슈로 떠오르기 시작한 때도 이즈음이다. 성별과 나이차가 아닌 마인드로, 산출량(Output)이 아닌 결과(Outcome)에 따라 연봉이 결정되는 시대로 옮겨간다. 즉, 스윔레인에서 시폭(SIPOC)시대로 넘어온 것이다.

이 시기에 우리의 생각은 기능적(Integration) 사고에서 통합적(Convergence) 사고로 바뀐다. 마치 인터넷이 PC간 연결인 것처럼 둘 이상의 제품이나 아이디어를 통합해 신제품을 만들어내기 시작한다. 2010년대까지는 그 연장선상에 있었다.

2020년대로 접어들면서 로봇, 즉 인조인간시대가 됐다. 인간을 대상으로 한 표적집단면접조사(Focus Group Interview)보다 빅데이터 해석이 우선시되는 세상이 도래했다. 현실세계보다 가상의 세계가 더욱 중요해지는 시대로 옮겨온 것이다. 이에 따라 우리의 생각도 빅데이터가 전해주는 생각을 검증 없이 이어받아 즉각적이고 직관적이며 단순해졌다.

개인의 의견보다 인터넷 세상의 의견이 우선시되는 시대가 된 것이다. 인터넷에 띄워진 나는 '내가 아닌 내 아바타'가 사는 세상의 나, 즉, 인공적으로 꾸며진 가상의 나다. 매일같이 SNS를 끼고 살다보니 실제 나보다 가상의 페르소나가 더 나처럼 인식된다. 인터넷으로 수집된 모든 빅데이터는 이렇게 내 페르소나가 배설한 사상과 행동들의 데이터이며 세상은 이런 데이터로 나를 조종하고 구매를 유도한다.

여기서 잠깐 영화 하나를 소개해 보려 한다. 더스틴 호프먼이 주연한 1982년작 〈툿시〉(Tootsie)다. 영화 속 더스틴 호프먼이 분한 '도로시'는 여장 남자다. 전미 비평가협회로부터 남우주연상을 받을 정도로 지적이고 완벽한 연기였다. 감독인 시드니 폴락은 더스틴 호프먼에게 "재미있고 낭만적이면서도 지극히 현실적이며 부드러우면서도 흔들림 없는" 연기를 요구했다. 그 결과 관객이 영화가 끝나는 순간까지 완벽한 여성으로 생각할 정도였다.

지금 우리는 '도로시' 같은 '드랙(Drag)사회'로 넘어왔다. 드랙은 여자와 남자가 서로 반대 성별의 옷차림을 하는 '크로스 드레싱'의 한 종류다. 즉, 내가 아닌 또 다른 나의 정체성이 필요한 시대로 접어든 것이다. 이제 우리는 혼란스럽지만 두 개의 정체성을 가진 이중인간으로 살아간다.

2020 인조인간 시대에는 통섭(Consilience) 역량을 요구한다. 사물이나 지식을 널리 통합해 사고하는 개념이다. 즉, 수직에서 수평으로, 다시 통섭으로 넘어오면서 인간관계나 감정도 이와 같이 변하고 있다. 통섭의 다른 해석은 이질적 물상간의 조화로움이다. 전혀 다른 물상에서 필요한 부분만 추려 묶는 생각의 패턴인

것이다.

이제 창업으로 넘어가 보자. PC가 주된 도구였던 수직사회에서는 정형화된 비즈니스모델이 대부분이었다. 제조, 무역 혹은 치킨집, 빵집같이 이미 모델링이 완성된 업종으로 창업했다는 뜻이다.

하지만 인터넷 시대, 즉 수평적 네트워크 사회로 넘어오면서 비정형 비즈니스모델이 속속 등장한다. 정형화돼 있지 않다 보니 혼자 창업하기는 어려운 시대가 온 것이다. 이에 따라 협업이 중요한 창업조건으로 떠올랐다. 수직사회에서 창업한 월마트의 샘 월튼(Sam Walton)이나 맥도널드의 레이 크록(Ray Krok)은 혼자서 창업했다. 하지만 수평사회에서 창업한 이베이의 피에르 오미디어(Pierre Omidyar)는 3명이, 알리바바의 마윈(馬雲)은 무려 17명이 공동 창업했다.

그렇다면 인조인간 시대에는 어떤 창업경향을 보일까? 예측컨대 이질적 이합집산형 창업이 주류를 이룰 것이다. 창업동지가 끝까지 동행하지 않으며, 파트너도 동맹이 아니라 필요에 따라 헤쳐모여 세상에 없는 산출물을 만들어 내는 매시업(Mash-up)시대로 바뀔 것이다. 분야에 구분이나 제한 없이 기능과 콘텐츠를 묶는 새로운 창업 패러다임이다. 로봇이 제공한 재료로 인간과 로봇이 함께 창업하는 매시업 창업시대.

지금 우리는 로봇을 그냥 인공지능을 가진 기계 정도로 생각하고 있다. 하지만 90년대 초기 인터넷 공간을 '사이버 스페이스'라 했듯이 앞으로 로봇은 인조인간으로 인간의 실제 세상에서 함께 생각하고 함께 행동하게 될 것이다. 따라서 창업도 인조인간과 협업하는 비즈니스모델이 주류를 이룰 것이며 그 서비스의 대상 소비자도 실제인간이 아닌 가상공간에 사는 인간 페르소나가 될 것이다.

페르소나 모델링 기술

Persona

빌보드 차트 1위에 빛나는 방탄소년단(BTS)의 새 앨범 〈Map of the soul; Persona〉를 기억할 것이다. 정신심리학의 대가 융(Carl Gustav Jung)의 페르소나 이론을 머리 스타인(Murray Stein) 박사가 풀어 쓴 해설서 《융의 영혼의 지도》를 모티브로 삼았다고 한다.

이지은(아이유)을 각기 다른 시선으로 풀어낸 총 4개의 단편 묶음 영화 〈페르소나〉가 넷플릭스를 통해 개봉했다. 영화에서는 감독이 자기 생각을 드러내기 위해 반복적으로 등장시키는 배우를 뜻한다. 바야흐로 '페르소나' 열풍이 예상되는 대목이다. 사람(person)이나 성격(personality)의 어원이기도 한 페르소나(Persona)는 '사회에서 요구하는 덕목이나 의무에 맞춰 자신의 원래 모습 위에 덧씌운 사회적 인격'을 말한다.

근래 들어 창업에서도 페르소나는 중요한 이슈로 떠올랐다. 마케팅에서 페르소나는 특정 사용자 그룹을 대표하는 가상인물을 의미한다. 페르소나가 필요한 분야는 크게 두 가지로 분류할 수 있다. 그 하나는 '마케팅 페르소나'이며 다른 하나는 '디자인 페르소나'다.

마케팅 페르소나는 구매 선호도, 사회적 관계, 소비행태, 연령대

등 전형적인 고객 특성을 종합해 만들어낸다. 반면에 디자인 페르소나는 제품 사용습관, 고객 니즈(Needs), 환경 등의 요인을 분석해 설계한다. 두 분야 모두 보다 정교한 고객의 생각을 읽어야 한다는 점에서 필요성은 같다.

그렇다면 페르소나 모델링은 왜 필요할까? 그것은 지금까지 사용됐던 잠재고객(potential clients)의 애매한 이미지보다 구체적인 고객(concrete clients)이 요구되는 시대가 왔기 때문이다. 즉 확실하지 않은 고객분류(customer segmentation)보다 확실한 고객모형(Persona)을 만들어 핀셋마케팅을 해야 하기 때문이다. 그만큼 고객층이 점점 얇아지고, 요구는 다양해지고 있어서다.

일반적으로 페르소나는 제품 특성에 따라 한 개 혹은 여러 개로 설계하는 경향이 있지만 가급적이면 한두 개의 페르소나로 고객의 대표성을 특정하는 것이 보다 강력하다. 예컨대 '서울에 사는 청소년', 혹은 '충청도에 사는 소녀'보다는 '강남에 사는 인문계 고3 학생 중에 대학 진학이 확정된 여학생'으로 규정하는 것이 마케팅이나 디자인에서 훨씬 정밀하게 타격할 수 있기 때문이다.

이렇게 페르소나를 모델링했다면 다음과 같은 스토리가 전개될 것이다. '강남에 사는 진선미는 진학의 두려움에서 해방돼 친구들과 꿈에 그리던 여행을 계획한다. 이제 성인이 됐다는 생각에 적당히 화장을 하고, 스커트와 블라우스를 차려 입고, 고급 핸드백을 사서 남자친구와 함께 홍콩 야경을 보러 간다. 집에 있는 강아지 복돌이가 걱정되지만 이번에는 애견호텔에 맡기고 간다.'

이러한 스토리는 론칭할 상품과 연관 지어 스토리텔링하면 된다.

다음 사례를 보자. GE헬스케어(Healthcare)의 한 엔지니어는 자신이 디자인 한 MRI를 작동해 보기 위해 병원으로 갔다. 그가 거기에 도착했을 때, MRI 앞에서 울고 있는 어린 소녀를 보았다. 차갑고 소음이 요란한 무서운 관 속으로 밀어 넣으려는 의사에게 두려움을 느꼈으리라. 바로 이 점에 착안해 그는 어린이들에게 친근감 있는 해적선 풍의 디자인으로 MRI를 개발해 히트상품 반열에 올려놓았다. 그가 처음에 개발한 MRI는 일반 성인 환자를 기준으로 한 것이지만 현장에서 어린 소녀를 보고 디자인을 바꾼 것이다.

이처럼 페르소나는 본질적으로 사용자 중심 디자인(UCD)에서 출발한 만큼 정서적 교감을 입히기 위해 감정이입이 필요하다.

가상의 소비자 아바타인 '페르소나'를 얼마나 정교하게 만드느냐에 따라 고객의 니즈를 즉각적으로 반영할 수 있어서 시간을 현저히 절약할 수 있다. 또한 고객행동을 예측할 수 있고 다음버전의 잠재고객을 미리 확보하는 효과도 있다. 물론 직원들의 일체감은 덤으로 얻을 수 있어서 생산성이 높아진다. 다만 페르소나는 미래보다 현재를, 이상보다 현실에 기반해 설계해야 한다는 점을 놓쳐서는 안 된다.

우리는 결혼할 이성을 소개 받으려고 하면 일반적으로 이상형을 얘기한다. 최소한 나이, 학력, 직업, 성격특성 등 기본적인 사항은 알고 연애해야 성공 확률이 높기 때문이다. 마찬가지로 창업에서도 이상적 소비자 즉, 페르소나를 모델링하는 일에 소홀해서는 안 된다. 길거리에서 젊은 이성을 붙잡고 "나랑 같이 살래?"
그럴 수는 없지 않겠는가.

굴뚝산업의 창조적 혁신가들

여러 논문을 종합해 보면, 세계 비즈니스모델의 97.5%는 모방한 것이라고 한다. 혁신보다 모방이 훨씬 많다는 점은 조사해 보지 않아도 금방 알 수 있다. 시장에 나온 제품이나 서비스는 대체로 한 명의 창조적 기업가로부터 시작되지만 유사한 상품은 셀 수 없을 만큼 많기 때문이다.

21세기 들어 기술 기반 서비스업으로 급전환되면서 사회적 가치를 중시하는 기업가정신 덕분에 창조적 기업가들이 기술을 오픈소스로 내놓으면서 모방은 대세가 됐다. 하지만 굴뚝산업시대에도 그만한 대가를 지불하고 원천기술을 가져오기도 했지만 응용을 통한 모델링으로 선도기업을 앞지르는 사례는 수없이 많다.

코카콜라(Coke)가 없었다면 펩시콜라(Pepsi)는 나오지 않았을 것이며, 피자헛(Pizza Hut)이 없었다면 도미노피자(Dominos)는 오늘날의 영광을 누릴 수 없었을 것이다. 마찬가지로 아디다스(Adidas)가 아이디어를 내놓지 않았다면 푸마(Puma)는 출생하지 않았을 것이며, 블랙베리가 아니었다면 아이폰이, 모토로라가 없었다면 삼성이 오늘날 세계를 재패할 수 있었을까?

굴뚝산업에서도 예외는 아니다. 먼저 애플(Apple)과 구글(Google)에 이어 세계에서 세 번째로 비중있는 브랜드 코카콜라(Coke)를 보자. 전 세계 200개국 이상에서 하루 평균 18억 개 이상이 팔리는 코카콜라는 미국 남북전쟁 당시 존 펨버턴(John Pemberton) 대령이 부상의 고통을 덜어줄 모르핀을 대체하기 위한 연구를 지시한데서 시작됐다. 그는 코카인이 섞인 프랑스 마리아니 와인(Vin Mariani)에서 영감을 얻어 스페인 음료 '콜라코카(Kola Coca)'를 기반으로 만들어졌다.

코카콜라를 '미러링(Mirroring)'해 나온 펩시(1898)와 환타(1940)에 이어 소다(Soda)와 사이다가 출시되고, 칵테일용으로 특화된 크림소다(cream soda)를 거쳐 여성을 목표고객으로 한 롯데칠성의 '밀키스'로 이어진다. 최근에는 탄산수와 탄산수 제조기까지 인기제품 반열에 올려놓았다. 사실 가정용 탄산수 제조기는 나에게도 아픈 기억이 있다. 1987년에 이스라엘 업체인 소다스트림(Sodastream)의 아시아 총판인 홍콩지사에서 수입해 유통하려다 실패한 경험이 있어서다. 어쨌든 탄산음료나 청량음료의 시발점은 코카콜라가 모태다.

익히 알려졌지만 국산 발효조미료 1호라 일컫는 '㈜대상'의 '미원'도 그중 하나다. '맛의 원소'라는 의미인 미원은 1908년 동경제대의 이케다 기쿠내(池田菊苗) 박사가 다시마의 성분에서 글루탐산나트륨을 발견하고, 아지노모토(味の素)가 '미세이(味精)'이라는 브랜드로 상업화에 성공한 제품이다. 미원을 '미러링(Mirroring)'한 CJ제일제당의 미풍이 뒤를 이었고 '다시다'와 자연조미료 '산들애'에 이르기까지 '미원'은 후속제품 모델링(Modeling)의 단초를 제공했다.

공기청정기(air purifier)는 19세기 산업혁명 당시 영국에서 개발됐다. 당시 에너지원은 주로 목탄이었기 때문에 연기 제거를 목적으로 만들어진 것이다. 대부분의 신제품들이 그랬듯이 공기청정기도 일본을 거쳐 우리나라에 도입됐다. 당시 수입업자는 "64년 동경올림픽과 88년 서울올림픽을 동일선상에 두고 해석하면 타이밍이 적절할 것"이라고 했던 기억이 새롭다. 실제로 공기청정기는 도쿄올림픽 직전인 1962년, 일본에서 도입했고, 우리나라에도 서울올림픽 직전인 87년에 들여왔다. 올림픽을 전후해 양국이 고도 성장기였으며 GDP도 한일간 큰 격차를 보이지 않았다. 하지만 일본에서도 1990년경부터 많이 팔리기 시작했던 것처럼 우리나라에서도 수입 당시에는 빛을 보지 못했다.

공기청정기 시장이 열린 계기를 보면 향후 나아갈 방향을 볼 수 있을 것 같다. 언급한 바 처음에는 목탄연기 정화가 목적이었지만 소방관의 유해가스 예방, 방사성 오염물질 통제 등으로 모델링해 왔다. 일본에서 꽃가루 알레르기가 사회문제가 되면서 급속도로 전파된 것처럼 우리나라는 미세먼지가 소비를 이끌어가고 있다. 지금은 LG, 삼성, 위니아에서 중국의 샤오미에 이르기까지 여러 기업에서 맞춤형 기능으로 생산되고 있다.

전략에서도 미러링(Mirroring)은 예외가 아니다. 특히 이업종(異業種)에서 아이디어를 얻는다면 금상첨화다. '렉서스(Lexus)'로 더욱 유명해진 '토요타(Toyota) 생산시스템은 슈퍼마켓에서 힌트를 얻었다. 1943년 토요타에 입사해 CEO에 오른 오노 다이치(大野耐一)는 회고록에서 "미국 슈퍼마켓의 구조를 듣고 '필요한 것을 필요한 때, 필요한 만큼만 생산한다'는 JIT(Just in time) 생산시스템을 생각해 냈다"고 했다. 자동차와 슈퍼마켓은 전혀 어울릴 것 같지 않지만 이렇듯 모델링을 통해 전혀 다른 시스템을 창안해낸 것이다.

다시 한 번 되새겨 보자. 아디다스와 푸마가 없었다면 요가복의 대명사가 된 '룰루레몬(lululemon)'이 나올 수 있었을까? 그리고 룰루레몬이 없었다면 제니퍼 제임스(Jennifer James)가 빅사이즈(Big Size) 요가복 중견기업인 '엑티브에고(active-ego)'를 창업할 수 있었을까?

이처럼 선도기업 모델을 모방하는 것은 창조만큼이나 중요하다. 비즈니스모델 '미러링(Mirroring)'은 크게 네 가지 점에서 선도기업에 비해 유리하다. 첫째, 아이디어를 공짜로 얻을 수 있다는 점, 둘째 선도기업의 관성을 이용할 수 있다는 점, 셋째 선도기업이 멈춘 바로 그 자리에서 시작할 수 있다는 점, 그리고 첨단기술이나 상품을 출시한 후 주류시장으로 진입하는 사이에 일시적으로 수요가 정체되거나 후퇴하는 단절현상 즉, '캐즘(Chasm)'을 피해갈 수 있다는 점 등이다.